나는 윤리적 최소주의자,
지구에 삽니다

나는 윤리적 최소주의자, 지구에 삽니다

소일 지음

우리학교

더할수록 우아하지 않다.
삶에서 무엇을 덜어 낼지,
오늘도 나는 찾고 있다.

프롤로그

비우며 채워 가는
나의 작은 세계

스스로 비우는 삶을 사는 '윤리적 최소주의자'가 되기로 한 뒤 소소한 실천을 이어 온 지 어느새 7년째다. 방을 가득 채운 잡동사니를 정리하고, 불필요한 물건을 이웃이나 친구에게 나누고, 내게 더는 쓸모없는 물건을 비우며 최소주의자의 일상을 시작했다. 그렇다고 되는 대로 버리고 싶지는 않았기에 '비움'의 과정을 '기록'하기로 마음먹었다. 인생에서 무엇을 덜어 냈고 무엇을 남겼는지 지나간 뒤에는 기억하지 못할 테니까.

인생의 알맹이를 찾아 가는 과정은 내 삶에서 쓸모를 잃은 '쓰레기'를 찾아 가는 과정이었다. 말 그대로 어떠한

쓸모도 없는 쓰레기, 이제는 내게 가치가 없어져 쓰레기가 된 물건들을 덜어 내면서 그 속에 묻혀 있던 알맹이가 점차 얼굴을 드러내기 시작했다. 어느 정도 시간이 지나자 쓰레기를 만들지 않으면서 먹고, 놀고, 일하고, 사는 내 나름의 방법을 찾았다. '쓰레기 없이 사는 삶'을 지향하는 일상의 기준이 된 방법 말이다.

- 일회용품을 쓰지 않는다.
- 플라스틱 대신 천연 소재로 만든 물건을 사용한다.
- 꼭 필요한 물건만 사서 오래오래 고쳐 쓴다.
- 환경에 끼치는 영향이 적은 방법을 선택한다.

제로 웨이스트 Zero Waste 를 실천하며 좀 더 간소한 삶을 추구하는 과정은 단순하지 않았다. 그건 삶의 태도를 바꾸는 일에 가까웠다. 비우는 물건이 늘어날수록 삶을 채우는 것의 무거움을 알았고, 지구에서의 가벼운 소풍을 마친 뒤에 쓰레기를 덜 남기고 떠날 수 있기를 바라게 되었다. 생태적 생활을 하면서 '도시의 자연인'으로 살고 싶어졌다. 친환경적인 의식주 생활을 추구하고 완성하고 싶다는 바람이 깊어졌다.

그렇게 시간이 흐른 뒤에 느낀 감정은 아쉬움이었다. 혼자 할 수 있는 실천은 거의 다 해 본다고 했는데도 세상의 변화는 그다지 느껴지지 않아서였다. 세상이 바뀌지 않는다면 개인의 실천이 무슨 의미가 있을까? 사회에서 다른 사람들과 함께 할 수 있는 일은 없을까? 무력감과 권태감이 슬그머니 몰려올 때쯤 '인간과 환경이 공존하는 지속 가능한 도시 만들기'를 목표로 하는 기관에서 일하게 되었다. 지속 가능한 환경·경제·사회를 꿈꾸고, 그 목표를 실현하기 위해 노력하는 일을 '직업'으로 삼게 된 것이다. 목표를 공유하는 시민 단체, 행정기관과 협업하며 개인의 실천으로는 느끼지 못한 '함께'의 힘을 체감했다. 내 경험만을 바탕으로 보는 세상이 얼마나 좁은지 깨달은 나는 계속해서 다양한 관점을 인식하고 복합적인 상황을 배려하는 법을 배워 나가고 있다.

삶을 비우고 나니 새로운 삶으로 전환할 기회가 생겼다. 그렇게 나의 삶은 비움으로 채워지고 있다. 지금부터 하려는 이야기는 그 비움과 채움의 시간에 관한 것이다. 왜 그러한 삶을 선택했는지, 그 과정에서 어떤 변화를 맛보았는지, 개인 실천가에서 작가와 강사로, 사회적 네트워크 활동가로 살게 되면서 나의 작은 세계가 어떻게 더 넓어졌는지 이야기해 보려 한다.

그 후에 당신과 함께 이야기를 이어 나갈 수 있다면 좋겠다. 하나뿐인 지구에서 같이 살아가는 우리가 어떻게 이 세상을 더 나은 방향으로 바꿀 수 있을지에 대하여.

소일

아, 피난 가방을 싸기 전에
짐부터 정리해야겠구나

대학을 졸업하고, 워킹 홀리데이 비자를 받아 일본 교토로 떠났다. 그때까지도 '꿈'으로 삼고 싶은 직업을 찾지 못했기에 세상을 좀 더 경험하고자 하는 마음에서였다. 나중에 한국으로 돌아와서 대학원에 들어가겠다거나 일본에 남아 취업하겠다거나 하는 생각이나 계획도 딱히 없었다. 나는 일본에서 집을 구하고, 그날그날 요리해서 끼니를 챙기고, 아르바이트로 돈을 벌고, 가끔씩 여행하며 그저 성실히 생활해 나갈 뿐이었다. 그곳에서 나의 인생이 뒤바뀌는 계기와 마주하게 될 줄은 상상도 못 한 채로.

2011년 3월 11일, '동일본 대지진'이 발생했다. 일본 근대 관측 사상 가장 강력한 규모의 지진으로 거대한 해일이 일어나 도시를 휩쓸어 버렸다. 텔레비전을 켜면 어느 채널이든 긴급 재난 뉴스만 내내 방송되었다. 내가 있던 교토는 별다른 피해가 없었지만, 한국에 있는 가족과 친구들에게서 안부 전화와 메시지가 끊임없이 쏟아졌다.

큰 지진이 끝나고도 계속 이어지는 여진 탓에 진원지와 멀리 떨어져 있던 관서 지방도 주기적으로 흔들렸다. 도쿄에서 생활하던 일본인 친구는 건물이 흔들리자 집 밖으로 허겁지겁 대피했다고 했다. 평소 지진에 대비하는 교육과 훈련을 충분히 받은 데다 지진을 종종 경험한 그였는데도 놀라 허둥댔단다. 바깥으로 대피한 뒤에는 살았다는 안도감을 느낄 새도 없이 잠옷 바람으로 이웃 사람들 사이에선 제 모습에 당황해야 했다. 그 뒤로 친구는 언제 또 발생할지 모르는 자연재해를 본격적으로 대비하기로 마음먹었다. '피난 가방'을 싸기로 한 것이다. 친구 집의 현관 신발장 위에 놓인 커다란 피난 가방을 보면서, 자연재해 앞의 두려움을 더욱 실감할 수밖에 없었다.

당시 나는 '공공 기관 건물의 에너지 절약형 건축설계'

를 주제로 졸업논문을 쓸 만큼 환경에 관심이 많았다. 하지만 그 관심을 바탕으로 어떤 실천을 해야겠다고 생각하지는 못했다. 그런 내 앞에 생애 처음 겪는 강력한 자연재해가 벌어진 것이다. 자연의 거대한 힘은 인간이 열심히 일군 도시를 한순간에 무너뜨렸다. 자연 앞에서 우리는 너무나 무력했다.

한국으로 귀국하자 안전한 집으로 돌아왔다는 안도감이 먼저 들었다. 일본은 차들이 작고 도로도 좁았는데 우리나라는 큰 차가 많고 도로가 넓고 아파트도 높았다. 이곳에서 지진이 일어나면 어떻게 될까? 내진 설계는 되어 있을까? 익숙했던 풍경이 예전과는 다르게 보였다. 하지만 그러한 생각도 잠시뿐, '안전한' 우리나라로 돌아오자 일본에서의 악몽 같던 기억은 점차 희미해져 갔다.

'일본은 원래 지진이 자주 발생하는 나라잖아. 우리나라는 안전하지.'

그리고 2016년 9월 12일, 다른 나라 이야기로만 생각하던 일이 대한민국 경주에서도 일어났다. 경기도 수원의 우리 집 화장대가 흔들렸고 지진이라는 걸 알았다. 일본에서만 일어나는 줄 알았던 지진을 우리 집 안에서도 느끼게 되다니! 그 순간 2011년 일본에서 보고 느꼈던 상황이 그야말로 지진해일처럼 머릿속으로 밀려들어 왔다.

'한국에서도 지진이 일어나다니, 이제 나도 피난 가방을 싸야 하는 거 아냐?'

일본인 친구처럼 언제든 대피할 수 있게 피난 가방을 꾸려 두어야겠다는 생각이 들었다. 무엇을 챙겨야 할지 집 안을 두리번거리는데, 옷장과 책장 등 가구에 그득그득한 잡동사니가 갑자기 위험해 보였다.

'저 책장이 무너지면 그대로 깔려서 빠져나가지도 못하겠지? 저 물건들이 몽땅 내 머리로 쏟아지면 어떡해? 아, 피난 가방을 싸기 전에 짐부터 정리해야겠구나!'

그때부터였다. 좀 더 단순하고 간결하고 작고 적은 삶을 동경하기만 하던 내가, 뭐라도 해 봐야겠다고 생각한 것은. 복잡하고 풍요롭고 넉넉하고 크고 많은 삶은 더 이상 나를 안전하거나 행복하게 만들 수 없다는 확신이 들었다.

더 중요한 게 있는데!

　　'난 어떤 사람이 되고 싶은 걸까? 어떤 인생을 살고 싶지?'

　과거의 나는 딱히 장래 희망이 없는 어린이였고, 청소년이었고, 대학생이었다. 누군가 '꿈'이 무엇인지 물으면 누구나 고개를 끄덕일 법한, 사회적으로 인정받고 안정적이라고 알려진 '직업'을 대강 둘러대곤 했다. 생활기록부나 자기소개서의 '장래 희망' 칸을 적당한 직업명으로 채우면서도 정말 그 일을 하고 싶은지는 나조차도 알지 못했다.

　대학에 가서도 마찬가지였다. 무엇을 하고 싶은지 정하지 못한 상태에서 특정 학과를 선택하는 게 두려운 나머지, 전공을 정하지 않아도 되는 학교(기초학부로 입학해서 2학년에 어느 전공이나 선택할 수 있다)로 진학했으니 말이다.

"나는 하고 싶은 일을 전부 수첩에 적어 둬. 신기하게 기록해 둔 리스트는 웬만하면 달성하게 되더라고."

대학에서 만난 한 언니는 내게 이른바 '버킷 리스트'라는 실천법을 알려 주었다. 하고 싶은 일은 일단 적어 둘 것. 그때부터 나는 경험하고 싶은 일 또는 바라는 내 모습을 사소한 것부터 하나하나 기록하기 시작했다.

내 서재를 가진다. 사진 찍으러 나가 세상을 눈에 담는다. 한식 요리를 배운다. 지인에게 편지를 보낸다. 연필을 즐겨 쓴다. 주변을 간소하게 한다. 물건을 오래 쓴다. 매일 그린다. TV에서 나를 구한다. 명함을 주고받는다. 콩 요리를 즐겨 먹는다. 영화 〈오만과 편견〉 속 피아노곡을 연주한다. 안 입는 옷을 정리한다. 손을 바쁘게 놀린다…….

차근차근 써 내려가다 보니(나는 이 일을 '날적기'라고 부른다), 내가 생각보다 하고 싶은 일이 꽤 많은 사람이란 사실을 깨달았다. 그 기록을 행동으로 옮기는 날도 점점 쌓여 갔다. 이렇게 다양하게 경험하는 '다 경험주의자'로 살다 보면, 언젠가 내게 딱 맞는 직업이나 직장을 찾을 수 있으리라 막연히 기대했는지도 모르겠다.

어떤 일을 나의 '업'으로 삼을지 고민이 길어질수록 새로운 경험을 향한 갈망도 커졌다. 한국어 교육을 공부하고 전산 회계 자격증을 따고 아르바이트도 했다. 하지만 뭐든 잘하는 팔방미인이 되고 싶은 한편, 한 가지 목표에 몰두하는 사람들이 부럽기도 했다.

'나만의 깊은 우물이 있긴 할까? 나는 '꿈'이 없는 사람인가?'

꿈을 고민하며 20대를 지나고 있을 때 동일본 대지진과 경주 지진을 맞닥뜨렸다. 직업이 없는 현실보다 내 힘으로는 어쩔 수 없는 재해로 삶이 한순간에 허망하게 끝나버릴 수 있다는 현실이 더 두렵게 느껴졌다. 주위를 둘러보니 모든 것이 전과는 다르게 보였다. 특히 여기저기 잔뜩 쌓인 물건들이 눈에 들어왔다.

'예상치 못한 어느 날에 내 삶이 끝난다면, 저 물건들은 결국 쓰레기가 되겠지? 아니, 내가 세상에 대단한 유산을 남기는 위인은 못 되더라도 거대한 '쓰레기'를 남기는 인간은 되지 말아야 하는 거 아닌가? 내가 남긴 게 온통 쓰레기뿐이면 어떡하지?'

밀려드는 두려움에 먼저 안 쓰는 물건부터 집 안 잡동사니까지 차근차근 정리해 보기로 했다.

그렇게 '최소한의 삶'을 시작하려는데 버리고 비워야 할 것이 너무도 많았다. 무엇을 어떻게 정리해야 할지 막막하기만 했다. 일단 도서관에서 '미니멀 라이프', '정리와 수납', '비움'과 관련된 책부터 찾아 읽었다. 책을 몇 권 읽고 나니, 무작정 물건을 비우면 자칫 단기간에 살을 뺀 다이어트처럼 요요 현상이 찾아오겠구나 싶었다.

그때 익숙한 습관으로 자리 잡은 '기록'이 떠올랐다. 물건 비우기 전과 후를 기록하면 좀 더 미련 없이 체계적으로 버릴 수 있지 않을까? 버킷 리스트를 작성하고 실천해 왔듯이 최소한의 삶을 위한 리스트를 작성하고 실천해 나간다면? 그렇게 기록하는 다경험주의자였던 나는 기록하는 '최소주의자'가 되었다. 꿈꾸는 '직업'이나 '직장' 대신 꿈꾸는 '삶'을 찾은 셈이다.

나처럼 꿈(장래 희망)을 일찍 발견하지 못한 청소년은

어디에나 있다. 많은 어른이 이를 안타깝게 생각하거나 한심하게 여기며 꿈을 가질 것을 '강요'한다. 하지만 꿈은 단순히 '직업'이 아니라 '내가 원하고 잘하는 일'을 고민하고 발견한 뒤에 찾을 수 있는 것 아닐까?

스웨덴 스톡홀름에 살던 소녀 그레타 툰베리는 열다섯 살 때 국회의사당 앞에서 '기후를 위한 등교 거부' 운동을 시작했고, 지금은 '미래를 위한 금요일'이란 세계적인 기후 위기 행동의 중심에 서 있다. 그 행보를 못마땅하게 바라보는 일부 어른들은 미래를 생각한다면 공부에 집중하라고 충고한다. 그레타와 청소년 활동가들은 외친다. "내일이 올 때까지 마냥 기다리기만 해서는 우리에게 미래는 없을 텐데요."라고.

이들의 이야기는 세상이 너무도 쉽게 강요하는 꿈과 희망을 다시 생각하게 만든다. 꿈은 먼 미래에 있는 게 아니라 지금 여기의 내가 '원하는 삶'에 있고 희망은 당장 지금의 '행동'에 있다는 것, 그 진실을, 이제 나는 안다.

내가 버린 물건은

어디로 가는가?

"안녕하세요? 윤리적 최소주의자가 되고 싶은 소일입니다."

최소한의 물건을 소유하며 사는 단순한 삶을 추구하는 미니멀리스트, 즉 '최소주의자'라는 말은 내 삶에 꼭 필요한 알맹이만 남을 때까지 비우기를 이어 가자는 다짐을 담고 있다. 그런데 무작정 비우기만 하는 행위는 무언가 아쉽고 찜찜했다.

'그럼 내가 버린 물건은 어디로 가지?'

그동안 물건들을 그저 우리 집 밖의 눈에 보이지 않는 곳으로 밀어 둔 것뿐이라는 생각이 들었다. 쌓인 물건들을 비운다고만 해서 최소주의자라고 할 수 있을까? 어떻게 하면 환경에 나쁜 영향을 조금이라도 덜 끼치며 최소한의 삶으로 나아갈 수 있을까? 쓰레기를 덜 남기려면 어떻게 해야 하지? 그러한 고민들을 '제로 웨이스트'라는 행동으로 옮기면서, '그냥 최소주의자'가 아니라 '윤리적 최소주의자'가 되기로 다짐했다. 어떤 방식이 사회와 지구에 윤리적인지, 사회적·환경적 책임을 고민하기 시작한 것이다.

물론 '윤리적'이라는 표현이 거창하게 느껴져서 부담스러울 때도 있다. 하지만 지향하는 삶과 정체성에 이름을 붙이면 그 의미가 좀 더 선명하게 다가온다. 그 삶에 좀 더 가까이 다가서려 꾸준히 노력하되 완벽하지 않아도 괜찮다. 아무리 제로 웨이스트를 열심히 실천한다고 해도 쓰레기 배출을 완전히 '제로'로 만들 수는 없다. 애초에 불가능한 일이다. 제로 웨이스트를 실천하는 삶은 쓰레기를 제로로 만드는 일이라기보다는 삶의 태도를 전환해 나가는 일이다.

'소일'은 생애 처음으로 직접 지은 별칭이다. 비움의 기록을 남기는 일은 '소일거리'로 하는 것이다. 소일거리의 '소일消日'은 '사라질 소消'에 '날 일日'을 뜻한다. 사라지는 날. 하루의 기록을 남기는 사람의 별칭으로 이보다 더 적절할 수 있을까? 게다가 '소일'은 '작은 일'로 풀이할 수도 있고, 영어로는 '흙 soil'이라는 뜻도 중의적으로 담고 있다. 심지어 기억하기도 쉬운 이 이름이 이제는 본명만큼이나 아끼는 '나의 이름'이 되었다.

안녕하세요? 윤리적 최소주의자 소일입니다.

'윤리적 최소주의자가 되고 싶은' 소일에서 '윤리적 최소주의자인' 소일이 되고자 오늘도 나는 어제보다 더 고민하며 최소한의 삶으로 한 걸음 한 걸음 나아가고 있다.

몸은 무겁지만
마음은 가벼워졌다

　　"제로 웨이스트를 실천할 때 가장 좋은 점과
어려운 점은 뭔가요?"

　　한 공공 기관에서 발행하는 잡지사와 인터뷰할 때 받은
질문에 나는 이렇게 답했다.

　　"우선 죄책감을 덜 수 있다는 게 좋은 점이죠. 만들어 내
는 쓰레기가 줄어드니까 그만큼 지구와 미래 세대에게 미
안한 마음을 덜 수 있어요. 어려운 점은 건망증과 싸워야
한다는 거예요. 외출할 때마다 손수건, 텀블러, 개인 식기
등을 잊지 않고 챙겨야 하는 데다 이 모든 짐 꾸러미를 들
고 다녀야 하니 체력도 필요하죠."

말 그대로다. 제로 웨이스트를 실천하려면 일단 챙겨야할 준비물이 있다. 기본적으로 떠올릴 만한(내가 일상적으로 챙겨 넣고 다니는) 준비물을 살펴보자면 다음과 같다. 다양한 준비물이 있으니 필요에 따라 구매하거나 만들어서 사용하면 된다.

- 손수건
- 장바구니
- 주머니
- 보자기
- 텀블러, 컵
- 다회용기
- 개인 식기

별것 아닌 듯 보이지만 텀블러 한 개만 해도 생각보다 불편을 느낄 만한 무게감을 더한다. 제로 웨이스트를 시작하면 어깨가 무거워질 수밖에 없다.

어떤 이들은 지금 우리 인류가 당면한 기후 위기를 개인의 실천으로는 해결할 수 없다고 말한다. 정부가 정책과 제도를 바꾸고, 기업도 달라져야만 변화가 생기지, 개인이 텀블러를 들고 다니는 정도만으로는 이 문제를 해결할 수 없다고 말이다. 그 말에 일부는 동의하고 일부는 동의하지 않는다. 물론 개인의 실천만으로 기후 위기 문제를 해결할 수는 없다. 그렇지만 기후 위기에 대응하는 '탄소 중립'을 위한 제도와 정책은 텀블러의 무게를 기꺼이 무릅쓰고 친환경 생활을 실천하는 한 사람에게서 출발한다.

한 소비자는 케이크를 살 때마다 제공되는 '일회용 플라스틱 칼'에 의문을 가졌다.

'왜 모든 소비자에게 일회용품을 줄까? 필요해서 요구하는 사람에게만 줄 수 없을까?'

한 사람의 의문으로 '일회용 플라스틱 칼 반납 운동'이 시작되었다. 시민들이 기업에 소비자의 의견을 제시하는 손 편지를 쓰고, 불필요한 플라스틱 칼을 기업에 반납한 것이다. 물건을 산 것인지, 쓰레기가 될 포장재를 산 것인지 헷갈리게 하는 제품들은 '소비자 반납 운동'의 대상이 되었고, 기업들은 소비자의 목소리를 반영할 수밖에 없었다. 그렇게 반납된 통조림 햄의 플라스틱 뚜껑, 일회용 플라스틱 빨대 등이 친환경적인 방법으로 교체되기 시작했다. 일회용 플라스틱 칼은 소비자가 요청하는 경우에만 제공하기로 기업의 방침도 바뀌었다.

모든 책임을 개인이 부담해야 한다는 게 아니라 지구 생태계의 한 구성원인 '나'부터 바뀌어야 변화가 시작된다는 이야기다. 나의 습관과 나의 하루를 바꾸어 나가는 것, 그 작은 시작이 큰 세상을 변화시킬 물꼬를 튼다. 이러한 생각과 믿음은 제로 웨이스트를 지치지 않고 꾸준히 실천할 수 있는 동력이 된다. 한 사람 한 사람이 바뀌고 함께 행동하는 이들이 늘면 늘수록 우리의 실천은 당연해지고 쉬워지고 편안해진다.

나는 다음 세대에 좀 더 나은 지구를 물려주기 위해 지금 할 수 있는 일을 하는 나의 일상을 글과 사진으로 꾸준히 공유하고 있다. 오늘날 생태적 삶의 방식으로 살아가고자 노력하는 한 사람의 삶이 여기 존재한다고 목소리를 내고 싶어서다. 개인의 실천이 사람들의 인식을 바꾸고, 새로운 문화를 만들어 내고, 제도적 변화를 이끈다고 믿어서다.

강의 감사합니다. 앞으로 ○○구에 많은 '소일'이 탄생했다고
알려 드리고 싶네요.

어느 날 제로 웨이스트와 관련한 강연을 끝내고 주최
팀에서 받은 메일에는 내가 목소리를 내는 이유가 담겨
있었다. 지구와 나, 우리를 위해 조금씩 노력하는 삶을 선
택하는 사람이 더 늘어나는 것, 몸이 조금 무겁고 불편한
일상을 기꺼이 감수하는 개인들의 행동에 세상을 바꾸는
큰 힘이 숨겨져 있다는 사실을 아는 사람이 늘어나는 것
말이다.

'편리' 대신 '불편'을 선택하는 사람들의 작은 목소리가
모이면 멋진 합창이 완성될 것이다. 지구의 미래는 SF영
화 속 히어로나 외계인이 아니라 조금 묵직해진 우리의 손
에 달려 있다.

윤리적 최소주의자의 '날적기' 생활

날적기는 일기日記를 풀어 쓴 단어로,

소소하게 떠오르는 생각, 감상, 인상, 글귀, 감흥, 목표, 계획을

낙서를 끄적이듯 기록하는 일이다.

내 방 한편에는 날적기 공책이 차곡차곡 쌓여 가고 있다.

낙서처럼 자유롭게 쓰거나 그리는 일이 많다 보니

대개 줄이나 칸이 그려지지 않은 무지 공책을 사용하곤 한다.

처음에는 디자인이 예쁜 공책이나 다이어리를 고르기도 했지만,

제로 웨이스트를 실천하면서부터는

쉽게 얻을 수 있는 이면지로 공책을 직접 만들어 쓴다.

때로는 드립용 커피 필터를 잘 말려 두었다가

공책을 만드는 데 사용하기도 한다.

그렇게 모은 날적기 공책이 어느새 40권째다.

999번 글로
기록을 시작합니다

　　'비우기'. 제로 웨이스트를 위한 날적기를 공책 대신 블로그로 옮겨 오면서 처음 올린 글의 제목이다. 사진과 동영상을 쉽게 올리고 이웃과 자료를 공유하는 블로그를 '전자 날적기'로 활용한다면, 비우고 정리하는 일을 좀 더 수월하고 체계적으로 할 수 있을 것 같았다. '삶에서 1000가지쯤 불필요한 것을 덜어 내기'를 목표로 세우고, 블로그의 첫 번째 글을 '999번'으로 시작했다. 매일의 소소한 제로 웨이스트 일상이나 습관 만들기 프로젝트, 외출할 때마다 입은 옷(옷장 정리를 위한) 등을 기록해 나가다 보니 2000개가 넘는 글이 쌓였다. 6년간 매일 한 편 이상의 글을 쓴 셈이다.

쌓인 것은 글만이 아니었다. 나와 비슷한 관심사를 가진 블로그 '이웃'도 점차 늘어났다. 제로 웨이스트 실천에 도움이 되는 소소한 팁부터 실천에 대한 응원까지. 누군가 나의 비움 일기를 읽고 반응해 주는 건 생각보다 기쁜 일이었다. 그 기쁨을 원동력으로 더욱 비움에 박차를 가할 수 있었고 실천할 용기를 얻었다.

이제는 어엿한 작가이자 창업 기업의 대표가 된 '풍백' 님을 알게 된 것도 블로그를 통해서다. 풍백 님이 쓴 『딱 1년만 옷 안 사고 살아보기』는 블로그에 기록해 온 글을 바탕으로 만든 책인데, 옷장을 정리하며 얻은 여러 경험을 담고 있다. 풍백 님이 옷 안 사는 1년을 보내고 있을 즈음 나도 마침 옷장 정리를 시작하고 있었다. 옷장을 정리하고 기록하고 비우고 필요한 옷만으로 채우는 과정이 우리의 공통 관심사였다. 나보다 훨씬 더 옷을 좋아하고 더 많이 공부하는 이웃의 기록은 내게 좋은 실습 사례가 되어 주었다.

더 단출한 옷장을 만들기 위해 내 취향에 맞는 옷을 직접 지어 입고 싶었다. 그런 고민을 할 때쯤 알게 된 이웃이

'앗쭈' 님이다. 손바느질로 뚝딱뚝딱 세상을 짓는 그를 따라 보자기 주머니 등을 만들며 DIY 세계로 발을 내디딜 수 있었다.

'소비 디톡스'라는 혁신적인 실천 방법으로 불필요한 소비에 중독된 내 삶을 해독해 준 이는 이웃 '보공' 님이다. 소비 디톡스를 실천하면서 불필요한 소비를 줄일 수 있었고, 비우고 버려도 늘 잡동사니가 있던 삶이 좀 더 가벼워지기 시작했다.

미니멀 라이프, 제로 웨이스트, 같이 쓰레기 줍기 등 공통 관심사를 나누는 이웃들 덕분에 배우고, 또 실천하고, 다시 배우며 삶을 단순하게 꾸리는 법을 터득해 갔다. 삶에서 950개가 훌쩍 넘는 것들을 비워 내는 동안 끈끈하면서 느슨한 블로그 이웃 공동체와 함께 나 역시 성장했다. 윤리적 최소주의자 소일을 키운 것은 9할이 블로그 이웃들이었다.

지난 몇 년 동안 블로그에 차곡차곡 쌓인 기록과 사진을 볼 때마다 부지런하게 실천해 온 나 자신이 뿌듯해지는 한편, 마음에 걸리는 점이 하나 있었다. 우리가 환경을 위한 실천을 할 때 간과하기 쉬운 게 하나 있는데, 바로 온라인 데이터다. 일상에서 메일이나 SNS로 전송하는 메시지나 자료는 최종적으로 데이터 센터에 보관된다. 그런데 이 데이터 센터가 소모하는 에너지가 어마어마하다. 게다가 늘어나는 데이터에서 발생하는 열을 식히는 데 또 막대한 전기에너지가 쓰인다.

그린피스의 보고에 따르면, 2020년 세계 데이터 센터의 에너지 사용량은 연간 1조 9730억 킬로와트시kWh였다. 이는 우리나라 1년 전기 사용량의 4배에 달하는 양이라고 한다. 게다가 2025년에는 세계 데이터 센터의 에너지 소비량이 탄소 배출량 총계의 3.2퍼센트, 2040년에는 14퍼센트를 차지할 것으로 추정된다.

언뜻 생각하기에 환경과 전혀 상관이 없는 듯한 인터넷 생활이 알고 보면 온실가스 배출에 꽤 많은 영향을 끼치는 셈이다. 나는 블로그를 디지털 창고로 쓰지 않기로 마음먹고 몇몇 기록을 정리하기 시작했다. 네이버 블로그의 '글 저장' 기능을 활용해 몇 개의 카테고리만 남겨 두고 오래된 블로그 글과 사진을 PDF로 저장했다. 블로그에 이어 메일 계정도 확인해 안 쓰는 아이디를 정리하고, 스팸 메일함과 휴지통에 쌓인 메일을 정리했다.

눈에 보이지 않는 디지털 쓰레기는 잠깐 방심하면 또 금세 쌓인다. 디지털 쓰레기를 남겨 두지 않기 위해 틈틈이 디지털 정보를 정리하는 습관은 지금도 계속되고 있다.

내가 먹는 것이
바로 나니까

일상에서 쓰레기를 가장 많이 만들어 내는 분야는 의식주 중 뭐니 뭐니 해도 식食이다. 옷은 같은 걸 매일 입어도 되고 적은 옷으로도 여러 가지 스타일을 연출할 수 있다. 집은 지을 때 많은 폐기물을 배출하지만, 이미 지어진 집에서 나오는 폐기물은 얼마 되지 않는다(건설 폐기물의 엄청난 양을 생각하면, 주거 건축, 해체, 리모델링 과정에서 쓰레기를 줄이는 정책적·구조적 노력이 꼭 필요하다).

하지만 음식은 어떨까? 매일 삼시 세끼를 챙겨 먹을 때마다 식자재 포장재, 요리 과정에서 생기는 전처리 음식물 쓰레기, 먹고 남은 잔반, 배달 음식을 담은 일회용기 등이 금세 산처럼 쌓인다. 이때 배출되는 건 쓰레기뿐만이 아니다. 식자재를 생산하고 유통하고 조리하고 폐기하는 모든 과정에서 어마어마한 에너지와 자원이 쓰이면서 탄소가 배출된다. 2019년 환경부가 발표한 통계에 따르면, 우리나라의 하루 음식물 쓰레기 발생량은 무려 1만 5903톤이다. 하루 생활 폐기물 발생량의 30퍼센트를 차지한다.

환경에 얼마나 영향을 끼치는지 알 수 있는 기준 중 하나는 '탄소 발자국'이다. 탄소 발자국은 일상생활에서 만들어 내는 이산화탄소 등의 온실가스 총량을 표기한 것이다. 음식의 탄소 발자국은 우리가 음식물을 먹기까지의 전 과정, 즉 농산물의 생산, 수송 및 음식 조리 과정에서 발생하는 온실가스량을 의미한다. 오늘 우리 집 밥상이 탄소 발자국을 얼마나 남겼는지 궁금하다면, 한국농업기술진흥원에서 개발한 '밥상의 탄소 발자국' 계산 프로그램www.smartgreenfood.org으로 확인할 수 있다.

먹거리에서 나오는 탄소 발자국을 줄이려는 노력의 하나로 우리 집은 매년 작은 텃밭에 농사를 지으며 채소는 가능한 한 자급자족하려 한다. 굳이 텃밭에 농사를 짓지 않더라도 식생활에서 탄소 발자국이나 쓰레기를 줄이는 방법은 얼마든지 찾을 수 있다. 이를테면 일회용 용기를 사용할 수밖에 없는 배달 음식은 되도록 피하고 포장 음식은 음식 담을 통을 따로 가져간다. 배달 음식이나 포장 음식을 줄이고 대부분 직접 요리해 먹는 우리 집 주방에선 비닐봉지, 랩, 쿠킹 포일, 유산지, 지퍼 백, 키친타월, 비닐장갑 등 일회용품을 찾기 어렵다. 물론 처음에는 일회용품 없이 어떻게 생활할지 걱정했지만, 이제는 없으면 없는 대로 살 수 있다는 걸 경험으로 안다.

주방에서 나오는 쓰레기를 덜 만들고, 지구를 좀 더 생각하며 먹고 사는 일상의 면면을 소개해 본다.

생수 대신 정수 주전자

물, 어떻게 마실까? 플라스틱병 생수? 아니면 수돗물? 정수기? 어떤 물을 마실까는 늘 고민거리다. 우리 가족은 수돗물을 정수 주전자로 걸러서 마시고 있다. 우리 아파트의 수돗물은 음용수로 사용하기에 적합하다는 수질 검사 결과도 받았다. 생수를 선택하지 않은 까닭은 생수 한 병을 마실 때마다 만드는 쓰레기도 싫지만, 플라스틱 생수병이 환경에 끼치는 영향도 무척 크기 때문이다.

스페인 바르셀로나 글로벌보건연구소Barcelona Institute for Global Health는 플라스틱병 생수가 생태계에 끼치는 영향이 수돗물과 비교해 1400배에 달하며, 자원 추출 비용은 3500배라는 연구 결과를 발표했다. 연구소는 바르셀로나 시민 전체가 생수를 음용한다고 가정했을 때, 연간 생수 생산 비용은 약 960억 원, 생수 추출과 가공 과정에서 멸종하는 생물은 연간 1.43종이라고 분석했다.★

나는 제로 웨이스트를 실천한 이후로 수돗물을 마셔 왔지만, 수돗물의 염소 냄새를 싫어하는 가족들은 정수되고 시원한 물을 마시고 싶어 했다. 하지만 정수기를 렌트하기에는 비용이 만만치 않은 데다 전기 요금, 설치 장소, 이용 횟수를 고려하면 효율성이 떨어져 보였다. 그래서 장만한 게 정수 주전자 '브리타'다. 주전자에 필터를 끼우고 수돗물을 받아 두면 물맛이 깔끔해진다. 정기적으로 교체해야 하는 필터가 플라스틱 쓰레기가 되는 점이 아쉬웠는데, 최근에는 브리타에서 다 쓴 필터를 수거해서 재활용한다고 하니 반가운 일이다.

★ 「생수가 수돗물보다 생태계에 1400배 영향… 수돗물 마셔도 안전」, 김표향, 《한국일보》, 2021. 8. 6.

어느 겨울날, 언제나처럼 장 보러 동네 생활협동조합 매장에 들렀다가 놀라운 이야기를 들었다. 귤껍질도 먹을 수 있다는 것이다. 겨울철만 되면 손바닥이 노래지도록 귤을 즐겨 먹는데도 귤껍질은 단 한 번도 먹어 본 적이 없었다. 쉽게 까서 버리는 귤껍질을 활용한다고 해도 귤껍질을 우려낸 진피차 정도였다. 하긴 유자차와 레몬차는 껍질째 먹지 않던가.

사실 과일에 든 영양소는 껍질에 가장 풍부하게 모여 있다. 그런데도 우리는 사과 정도만 껍질째 먹지, 나머지 과일은 알맹이만 먹고 껍질은 쓰레기로 내다 버린다. 귤껍질은 혈관을 튼튼하게 만들고 포도 껍질은 피로한 눈에 좋다. 수박 껍질의 흰 부분도 나물처럼 무쳐 먹거나 샐러드로 만들어 먹으면 수분 보충에 그만이다. 물론 껍질까지 먹으려면 깨끗이 씻는 수고가 필요하다. 특히 귤은 농약을 많이 사용하는 과일인 만큼 되도록 무농약·유기농인 경우에만 껍질째 먹는 게 좋다.

먹다 남은 수박은 밀폐 용기에

예전에는 수박 한 통을 잘라 먹고 남으면 단면을 랩으로 감싸 덩이째 보관했지만, 요즘은 큐브 형태로 작게 잘라서 밀폐 용기에 보관한다. 양배추 같은 채소도 밀폐 용기나 용량이 넉넉한 실리콘 지퍼 백에 넣어 보관해 두면 랩이나 비닐을 사용할 필요가 없다.

자연식품과 제철 식품 먹기

"내가 먹는 것이 곧 나다 I am what I eat."라는 말이 있다. 오늘 저녁에 내가 먹은 메뉴를 떠올려 본다. 잡곡밥, 미역국, 김치, 취나물무침, 김치전, 오이고추, 토마토……. 예전에는 차려진 음식을 아무 생각 없이 입에 넣었다면, 지금은 음식 하나하나가 어떤 재료로 만들어졌는지, 그리고 그 재료는 어디서 왔는지를 곱씹으며 먹는다. 쌀, 현미찹쌀, 귀리, 서리태, 밀가루 등의 곡물, 미역 같은 해조류, 마늘, 배추, 무, 취, 오이고추, 토마토 등의 채소, 김치에 넣은 젓갈 및 소금 등 무엇 하나 자연에서 오지 않은 것이 없다. '먹는 것이 바로 나'라고 생각하면, 영양이 충분하면서도 환경에 영향을 덜 끼치는 자연식품이나 제철 식품을 먹으려 노력하게 된다. 어디서 왔는지, 어떤 재료로 만들었는 지 알기 어렵거나 합성 조미료가 들어간 가공식품은 되도록 찾지 않는다.

채식 위주의 식사하기

완전한 채식주의자는 아니지만 상황에 따라 융통성 있게 채식하는 플렉시테리언Flexitarian(유연한 채식주의자)으로 살고 있다. 육수와 젓갈을 허용하는 한국식 채식주의인 비덩주의(비-덩어리주의)자이기도 하다. 동물성 식품을 먹더라도 인공 육가공품(햄, 소시지 등)은 먹지 않는다.

채식 위주의 식사Plant Based Diet를 하는 사람으로 살겠다고 결심한 이유는 크게 두 가지다. 첫 번째는 동물성 식품(특히 인공·가공 동물성 식품)을 먹었을 때 두드러기가 나면서부터다. 온몸에 두드러기가 나니, 그 원인이 되는 동물성 단백질을 특히 주의해서 피하게 되었다.

두 번째는 환경적인 이유다. 우리가 지구라는 행성에서 거주할 수 있는 땅의 50퍼센트가 농업에 이용되는데, 이 농지 중 무려 77퍼센트를 가축을 위해 사용하고 있다. 전세계의 가축을 먹이기 위한 사료용 곡물은 미국 농림부 기준으로 2021년 총공급량이 16억 톤을 훌쩍 넘었다. 우리가 먹는 식량 생산량이 2019년에 30억 톤 정도였으니까 지구에서 나는 곡물의 3분의 1은 사료용으로 쓰이는 셈이다. 물도 만만치 않게 들고 있다. 우리가 사용할 수 있는 깨끗한 물 중 92퍼센트가 농업에 활용되고 있는데, 이 중 사람이 먹을 식량 생산에 27퍼센트가 쓰이고, 우유와 고기 생산에는 그보다 많은 29퍼센트가 쓰이고 있다.★

비인간 동물을 인간 동물이 '섭취'를 위해 생산하고 살육하는 '동물권'의 문제까지 생각하지 않더라도 '단 하나뿐인 지구'에서 함께 생존하기 위한 방법으로 육식은 지속 가능하지 않다. 그렇다고 우리 모두가 하루아침에 비건(완전한 채식주의자)이 되기는 어렵다.

철저한 비건을 추구하기보다 좀 더 유연한 방식으로 채식 위주의 식사를 추구하는 것이 어떨까? 하루에 한 끼는 채식으로, 일주일에 하루는 채식으로…… 이렇게 조금씩 채식을 실천하는 것도 좋다.

★ 「내가 채식을 한다면 지구는 어떻게 바뀔까?」, 안혜민, 〈SBS〉, 2021. 11. 19.

최소주의자 식생활의 기본은 소식小食이다. 필요한 영양보다 지나치게 섭취하면 건강에 나쁠뿐더러 살이 찌기마련이고, 살이 찌면 바뀐 몸에 맞춰 새 옷을 마련해야 하는 불상사가 생기니까. 나에게도 소식은 실천하기 어려운일이다.

요즘은 더 간소하게 '마셔야'겠다는 다짐도 하는데, 평소 차茶 생활을 즐겨서다. 우리 가족은 차를 워낙 좋아해서 집에 다양한 차 도구가 있다. 약탕기, 개완, 유리 숙우, 원두 그라인더, 모카 포트(와 받침), 내열유리 주전자 등 차와 커피를 마시기 위한 도구만 7개이고, 차는 8종에 원두까지 냉장고와 찬장을 가득 차지하고 있다. 차와 차 도구를 더 늘리지 않고 가진 것으로 간소한 차 생활을 즐기고있다.

티백은 대부분 플라스틱 합성섬유로 만들어져서 뜨거운 물에 우리기가 찜찜한 데다 마시고 나면 쓰레기도 생긴다. 그래서 티백 대신 찻잎을 우려 마신다. 집에서는 간단한 일이지만 바깥에서는 번거롭다. 고민하다가 소창 손수건에 찻잎을 소량 넣고 접어서 다니는 아이디어가 떠올랐다. 텀블러와 손수건만 있으면 어디서든 플라스틱 없이도 차를 즐길 수 있다.

옷 30벌,

양말 36켤레의 즐거움

나는 패션에 관심이 없는 편이다. 물론 내게
도 모델이 입은 옷을 따라 입으면 같은 느낌이 날 거라 믿
던 시절이 있었다. 하지만 곧 광고 장면은 만들어진 이미지
에 불과하다는 걸 깨달았다. 입었을 때 편하고, 디자인이나
색감, 소재가 나와 어울리고, 다른 사람들에게 불쾌감을
주지 않는 옷. 이것이 내가 옷을 고르는 기준이다.

우리가 매일 입는 옷은 생산·제작·유통 과정에서 환경
에 엄청난 영향을 끼친다. 플라스틱으로 만들어진 합성섬
유 소재의 옷은 세탁할 때마다 미세 플라스틱을 내뿜는다.
천연섬유 소재인 면으로 지어진 옷도 다르지 않다. 면을

만드는 과정에서 농약과 물을 많이 사용하기 때문이다. 심지어 옷을 만드는 과정에서 버려지는 원단 폐기물, 상표, 안내 태그부터 유통 과정에서 생기는 쓰레기까지…….

이처럼 소비자에게 이르기까지 이미 수많은 쓰레기를 만들어 낸 옷은 우리 손에 들어와서도 한두 번 입고 버려져 금세 쓰레기가 되기 일쑤다. 의류의 생산과정을 알면 알수록 옷을 쉽게 사거나 버리지 못하는 이유다.

그렇기에 제로 웨이스트를 위한 정리에서 빠뜨릴 수 없는 것이 옷장이다. 단출하면서도 내 취향과 가치관이 반영된 옷장으로 만들고 싶었다. 처음 옷장을 정리하면서 사계절 옷과 신발, 가방을 헤아려 보니 모두 111개였다. 물론 그중에는 안 입는 옷이나 쓰지 않는 소품이 제법 많았다.

'내 옷장에 안 입는 옷은 없도록 하자.'

먼저 평소 내가 어떤 옷을 입고 어떤 옷을 입지 않는지 구분해서 사진을 찍었다. 그렇게 계절이 지날 때마다 사진을 찍어 정리해 보니, 거의 날마다 입다시피 즐겨 입는 옷이 있는가 하면 단 한 번도 입지 않는 옷도 꽤 되었다. 비싸지만 몸에 맞지 않아 못 입는 원피스, 몇 년 전에는 잘 어울렸지만 이제는 어울리지 않는 재킷, 왠지 모르게 불편해서

손이 가지 않는 청바지는 앞으로도 입을 일이 없을 것 같았다. 그런 옷들은 필요한 기관에 기부하거나 지인에게 나누며 정리했다.

그렇게 정리하고 나니 사계절 옷을 통틀어 30벌이 남았다. 가짓수가 적더라도 자주 손이 가는 옷들을 다양한 방식으로 매치해 입으면 그게 바로 내게 가장 잘 어울리고 편안한 차림새가 된다. 이미 가진 옷을 오래 입으려면 잘 관리하는 일도 중요하다. 옷을 너무 자주 세탁하지 않고 애벌빨래로 오염된 부분을 먼저 세탁하기, 옷감을 상하게 하는 건조기를 사용하지 않고 햇볕에 자연 건조하기, 옷에 작은 구멍이 생기거나 올이 풀리면 손바느질로 얼른 간단하게 수선하기. 소중하게 골라낸 옷인 만큼 옷을 아끼는 마음으로 귀하게 대한다.

새 옷을 사고 싶을 때면 중고 거래를 주로 이용한다. 최근에는 당근마켓 같은 지역별 중고 거래가 활성화되어서 필요한 물건을 쉽고 빠르게 저렴한 가격으로 구할 수 있다. 물론 중고 쇼핑도 중독되기 쉬우니 주의할 것!

옷이 많지 않다 보니 아무래도 계절과 상황에 크게 상관없이 입을 수 있는 옷을 찾게 된다. 그래서 내 옷장에는 검은색이나 흰색, 남색 옷이 많다. 좋아하기도 하고 어디에나 잘 어울리는 색이지만, 이따금 밋밋하게 느껴질 때가 있다. 그럴 때면 나는 컬러풀한 양말을 신어 기분을 낸다. 남들은 잘 모르는 나만의 과감한 일탈이자 변신이다. 귀여운 당근부터 화사한 스마일, 잔잔한 꽃, 구상나무와 제주도 오름까지 다채로운 무늬의 양말을 골라 신은 날이면 내 발걸음은 더욱 가벼워지고 기분도 들뜬다.

내게는 '소비의 달'이 있다. 1년 중 소비의 달을 정해 사고 싶은 물건을 자유롭게 사고, 나머지 달은 생필품이나 경조사 말고는 되도록 소비하지 않는다(블로그 이웃 '보공' 님의 '소비 디톡스'에 소개된 실천법이다). 1월, 4월, 7월, 10월이 내가 정한 소비의 달이다. 소비의 달이 돌아오면 나는 양말을 야금야금 사 모았다. 문득 서랍장을 열어 양말을 세어 보니 어느새 36켤레다! 가진 옷보다 양말이 더 많아진 것이다. 서랍장을 가득 채운 양말을 보며 당분간 양말은 더 사지 않기로 마음먹는다. 36켤레면 매일 갈아 신어도 한 켤레당 1년에 열흘밖에 못 신을 테니까. 열 번 신어서는 양말에 구멍이 나거나 해질 일이 없지 않은가. 장바구니에 담아 둔 양말들은 먼 훗날 소비의 달에 결제해야겠다.

　　다다익선. 많으면 많을수록 좋다는 말이 더는 통용되지 않는 시대다. 필요한 만큼의 적정한 수준을 지키는 방식이 윤리적이라고 평가받는 필 환경 시대에 양말 36켤레면 차고 넘친다. 소비는 즐겁다. 그런데 그 즐거움을 지속하려면 신중히 소비해야 한다. 내게 정말 필요한지, 내가 정말 원하는지, 가격은 합리적인지, 기능은 충분한지……. 불필요한 소비를 줄이는 일은 당연히 쉽지 않다. 하지만 막상 해 보면 잠깐 힘들고 마음은 오래 뿌듯하다. 장바구니 속 양말을 꾹 참고 결제하지 않은 나 자신이 그랬다.

우리 집엔

우리 집엔
[ ]가 없다/있다

지어진 지 스무 해가 훌쩍 넘은 우리 집을 최근 리모델링했다. 예전과는 다르게 우리 가족의 취향과 가치관을 물씬 담은 집으로 만들었다. 성인 가족 4인이 사는 집, 있는 것은 있고 없는 것은 없는 단출한 집, 집에 놀러 온 지인이 '생각하는 집'이라고 부르는 집이다. 흥미로워 보이지 않는 올림픽 경기도 목소리 높여 응원하는 아빠, 부지런한 도시 농부지만 체력은 부족한 엄마, 쓰레기 줄이기는 썩잘하는 편이지만 소식은 힘들어하는 딸(나), 나이 들었어도 늘 애교 넘치는 인사를 건네는 아들. 우리 가족이 먹고, 쉬고, 놀고, 일하고, 자는 집에는 [   ]가 없고 [   ]가 있다.

우리 집엔 [액자]가 없다

우리 집 벽에는 못 하나 박혀 있지 않다. 흰색 벽지로 도
배한 벽과 창뿐이다. 벽에 걸린 그림이나 사진 한 장 없어
도, 창밖으로 하늘과 산의 풍경이 매 순간 형형색색의 작
품으로 펼쳐진다. 특히 해 질 무렵이면 서남향을 바라보는
베란다와 창으로 노을이 아름답게 물든다. 요즘은 같은 작
품을 계속 보면 지루해서 그림을 소장하는 대신 구독(대
여)하기도 한다는데, 우리 집 창문 액자는 시시때때로 새
로운 풍경을 보여 줘서 질릴 틈이 없다. 내 방 창문 액자를
더욱 아름답게 만들어 주는 커튼은 이제 거의 서른 살이
되어 간다. 눈부신 한낮의 해를 막아 줄 뿐만 아니라 최근
줌으로 온라인 강연을 할 때마다 든든한 배경이 되어 주기
도 한다.

오늘도 커튼을 힘차게 걷고 창문 액자 속 풍경을 내 방
안으로 끌어들이며 하루를 시작한다.

우리 집엔 [에어컨]이 없다

"덥다, 덥다." 하며 여름이 끝나기만을 손꼽아 기다린
게 얼마 되지 않은 것 같은데, 어느새 "춥다, 춥다." 하며 두

툼한 솜이불을 꺼내 펼친다. 아침저녁으로 선선하기보다 서늘한 바람이 부는 통에 여름 내내 활짝 열어 두던 창문을 닫는다. 중앙 지역난방인 우리 아파트는 저녁 7시부터 아침 7시까지 난방을 재개한다는 안내문이 붙었다. 20여 년 전 지어진 아파트 뒤로 학교와 작은 산, 공원이 있을 뿐, 앞뒤를 가로막는 큰 건물이 없다. 그 덕분에 종종 방문이 쾅 하고 닫힐 만큼 바람이 잘 통한다.

이런 우리 집에는 에어컨이 없다. 다른 집 베란다에 놓인 에어컨 실외기가 바쁘게 돌아가는 삼복더위에도 우리 집은 선풍기 세 대와 함께 더위를 이겨 낸다. 선풍기 바람만으로는 더위가 식지 않아 땀이 흐를 때면 찬물로 샤워하면서 여름을 보낸다. 원래 여름은 덥고, 겨울은 춥다. 계절이 바뀔 때마다 공기와 바람의 변화를 느끼며 살려 하고 앞으로도 그렇게 살고 싶다.

하지만 요새 여름은 그냥 덥지 않고 너무 덥다. 해가 지나고 여름이 가까워지면 그때마다 뉴스에서 '역대급 폭염'이라는 말이 흔히 들려온다. 모두 알고 있듯이 기후 위기 때문이다.

우리 집에도 이제 에어컨을 마련해야 하나? 가만히 있

어도 땀이 뚝뚝 떨어지던 날, 우리 가족은 또 고민에 빠져 들었다. 기후 위기가 가속화되고 있는 지금 시점에 에어컨을 한 대 더 늘리는 일이 마음에 걸렸다. 그렇게 고민을 하다 더운 하루가 지나고 다시 서늘한 바람이 불기 시작했다. 지구의 기후가 예측하기 어렵게 변화하는 요즘, 우리 집은 아직 에어컨 없이 살고 있다.

우리 집엔 [식기 건조대]가 없다

어떤 물건은 '잠시' 사용하고 정리해야 하는 물건인데도 '항상' 그대로 두고 사용하게 되어 버린다. 우리 집에서는 식기 건조대가 그랬다. 설거지를 마친 그릇을 찬장에 보관하기 전에 잠시 물기를 빼면서 건조해 두는 식기 건조대는 어느새 항상 사용하는 식기 보관대가 되었다. '잠깐만 물기를 빼고 금방 옮겨야지.'라고 다짐해 놓고서는 결국 다음 끼니가 되어서야 식기 건조대에서 마른 그릇을 꺼내 다시 쓴다. 편하기는 하지만 신경 써서 관리하지 않으면 금세 물때가 끼고 공간도 많이 차지하는 식기 건조대를 없애기로 했다. 식기 건조대는 싱크대를 떠나 창고 찬장의 수납공간으로 자리 잡았다.

식기 건조대를 없앤 뒤로 설거지에 '행주로 물기 닦기' 단계가 추가되었다. 물 설거지가 끝나면 행주 물기 설거지가 바로 이어진다. 우리 집에서는 일회용 키친타월 대신 행주가 큰 역할을 한다. 낡은 행주는 청소하는 데 쓰고 깨끗한 행주는 폭폭 삶아 쓴다. 깨끗한 행주로 그릇에 남은 물기를 닦아서 찬장의 제자리에 돌려 놓는다.

조리 시간을 빼고 싱크대 위는 비워 두는 편이다. 수저, 주걱, 국자, 가위, 뒤집개는 주방 선반 아래 봉에 걸어 놓고 쓴다. 수저는 식구 수만큼만 꺼내 놓는다. 집의 다른 공간처럼 주방도 여백이 많다. 주방 바로 옆 공간에도 식탁만 놓여 있다. 그 위에도 물건을 올려 두지 않고 바로바로 치운다. 놓여 있는 물건이 없으니 언제고 식탁을 책상 등의 용도로도 다양하게 쓸 수 있다.

우리 집엔 [로봇 청소기]가 있다

소비의 달에 큰마음을 먹고 '로봇 청소기'를 샀다. 그 전에는 빗자루와 쓰레받기, 손걸레를 사용해서 청소해 왔다. 하지만 지친 몸을 이끌고 퇴근한 뒤에 빗자루와 손걸레로 집 안을 쓸고 닦기에는 여유도 힘도 없었다. 4인 가족이 사는 집은 며칠만 내버려 두면 버석버석 먼지가 밟히고 머리카락 뭉텅이가 여기저기서 목격된다. '안 되겠다. 몇 달 전부터 엄마가 은근히 이야기하던 로봇 청소기라는 녀석을 마련해야겠다.'

최소주의자가 로봇 청소기를 사기까지는 당연히 오랜 고민의 시간이 있었다. 고민 끝에 구매를 결정한 것은 다음의 이유에서였다. 20년도 넘은 오래된 아파트를 대대적으로 리모델링하면서 방문턱을 없앤 덕분에 로봇 청소기가 돌아다니기 수월하다. 또 집 면적이 넓은 편이라 직접 쓸고 닦으려면 시간과 힘이 든다. 가구나 물건이 많지 않은 집이라 로봇 청소기를 작동하기 전 바닥에 놓인 물건을 위로 올려놓는 사전 작업이 간단하다.

이렇게 합리적(?)인 이유로 우리 집에 로봇 청소기 한 대가 고용되었다. 먼저 써 본 지인의 추천을 받아 산 제품은 동그란 몸통에 발 두 개가 달려 빙빙 돌면서 쓰레기와 먼지를 흡입하는데, 흡사 물방개처럼 생겼다. 스마트 시대답게 애플리케이션과 연결하면 집 밖에서도 공간을 지정해 청소하도록 원격조종을 할 수 있는 데다 청소하는 모습도 확인할 수 있다. 게다가 로봇 청소기에 청소를 맡기다

보니 청소기가 움직이는 데 걸림돌이 될 만한 잡동사니를 더욱 늘리지 않게 되었다. 2~3일에 한 번씩 집 안을 돌아다니면서 말끔히 쓸고 닦는 로봇 청소기는 이제 가족들에게 사랑받는 어엿한 구성원이다.

내가 추구하는 제로 웨이스트 생활은 최소한의 물건을 가지고 불필요한 쓰레기를 만들지 않는 삶이다. 우리 집의 형태, 가족의 일상생활 패턴 등을 고려해 필요한 물건을 추리곤 한다. 로봇 청소기는 우리와 함께 1년 반 넘게 지내면서 '필요한 물건'으로 그 가치를 인정받았다. 나와 가족은 청소 시간을 아껴서 요리하고, 글을 쓰고, 쉴 수 있게 되었다. 물방개 닮은 로봇 청소기야, 올해도 내년도 앞으로 한 스무 해쯤 잘 부탁해.

내 얼굴로
살아가는 법

멋지게 꾸민 어떤 이의 뒷모습에 눈길이 저절로 끌려 본 적이 있다. '우아, 정말 멋지다!' 하고 감탄이 절로 나오려는 찰나, 긴 손가락 끝에서 담배꽁초가 '팅' 하고 날아가 길에 떨어지는 게 아닌가. 아, 불과 몇 초 전까지만 해도 멋져 보이던 뒷모습이 갑자기 못나 보이는 것은 기분 탓일까? 멋진 외면이 가진 힘은 분명히 있다. 하지만 멋진 행동을 하지 않는 외면의 힘은 허무하게도 쉬이 사라져 버린다.

자연-스럽다(自然스럽다)

　이 형용사는 국립국어원 표준국어대사전의 풀이에 따르면 "억지로 꾸미지 아니하여 이상함이 없다."라는 뜻이다. 이 말이 좋아서 블로그를 처음 시작할 때 올린 소개 글도 "꾸밈이 없어도 어색한 데가 없는 모습을 바라는 윤리적 최소주의자"였다. 꾸미지 않고 있는 그대로를 받아들이려다 보면, 내게 썩 어울리지 않거나 나답지 않은 꾸밈은 피하고 싶어진다. 행동부터 옷, 화장품까지 남에게 보이는 외면보다 스스로 보는 내면에 더 관심을 가지고 집중하게 되는 것이다. 어떤 됨됨이를 지니고 싶은지, 어떻게 행동하고 말하고 글을 쓰는지, 무슨 생각을 하고 그 생각을 어떻게 표현하는지……. 언제부턴가 이런 질문들이 어떤 옷을 입고 어떤 화장을 했는지보다 내게 더 중요해졌다.

　물론 사회생활을 하기에 나도 내 얼굴이 다른 사람에게 좋은 인상으로 비쳤으면 한다. 화장하지 않아도 피부가 건강하면 깨끗한 인상을 줄 수 있다. 많은 사람이 우리 몸의 방어 기관인 피부 위에 화장품을 덧바르고 관리라는 명목으로 자극을 준다. 나도 예전에는 그랬다. 그런데 화장품을 바르면 바를수록 오히려 없던 여드름이 나고 피부가 거

칠어졌다. 각질을 제거하면 각질이 더 올라오고 두드러기가 났다.

피부과에 다닐 정도로 피부 고민이 많았던 나는 이제 화장품을 거의 쓰지 않는다. 화장품 성분 중 계면활성제가 피부의 유·수분 균형을 무너뜨린다는 사실을 체감했기 때문이다. 거의 모든 화장품에는 물과 기름을 섞기 위해 계면활성제가 포함되는데, 그 기능이 지나치다 보니 도리어 피부의 유분층을 무너뜨리는 것이다.

피부가 본래 가지고 있는 유분층, 수분층을 보존하기 위해 화장품을 더 이상 바르지 않지만, 나의 피부만을 위한 일은 아니다. 몸의 방어 기관인 피부에 화장품은 흡수되지 않고 대부분 씻겨 나간다. 화장품을 씻어 내면서 많은 양의 화장품 성분이 하수도를 거쳐 하천으로 흘러가게 된다. 화장품은 그렇게 환경에도 영향을 끼칠 수밖에 없다. 특히 자외선 차단제에는 해양생태계를 교란하거나 해양 생물을 멸종시키는 데 큰 영향을 끼치는 화학 성분이 들어 있다.

남태평양의 작은 섬나라 팔라우는 2020년부터 '옥시벤존'과 '옥티녹세이트'가 포함된 자외선 차단제 판매를 금

지했다. 이 성분이 산호초의 백화현상(하얗게 변하며 폐사하는 현상)을 유발한다는 이유에서다.★

화장품 없이 살겠다고 결심하고 나서도 화장품 사용을 바로 멈추지는 않았다. 가지고 있던 화장품을 갑자기 버릴 자신이 없었기 때문이다. 대신 조금씩 줄여 갔다.

사용기한이 개봉 후 3~6개월밖에 되지 않는데도 여러 개 쟁여 두었던 화장품들을 정리하기 시작했다. 먼저 아이크림, 크림, 립글로스, 핸드크림 등 종류별로 개수를 파악한 뒤 유통기한과 소비기한을 살펴보았다. 그 기한이 한참 전에 지난 제품은 미련 없이 처분했다. 남은 화장품은 확인한 기한에 따라 사용 순서를 정했다. 순서대로 다 쓰고 나서는 새 화장품을 더 이상 사지 않았다. 2년 정도가 지나자 기초부터 색조까지 10단계쯤 되던 화장품을 모두 비울 수 있었다.

지금 내게 화장품이라고는 건조한 겨울철에 비상용으로 쓰는 바셀린뿐이다(이것도 극소량만 바른다). 바셀린은 광물성 왁스로, 다른 오일이나 왁스와 달리 거의 산화되지

★ 「해양생물 죽이는 선크림⋯ 하와이·팔라우도 '사용 규제'」 송옥진, 《한국일보》, 2020. 9. 10.

않는다. 그것 말고 사용하는 화장품은 없다. 가지고 있는 화장품이 없어서 화장대도 치웠다.

화장품 없이 살다 보니 이 제품이 좋은지 저 제품이 좋은지 따지며 비교하는 수고를 할 필요도 없고, 화장품을 사는 비용도 아끼게 되었다. 어디서나 가볍게 세안할 수도 있다. 무엇보다 화장품 공병 쓰레기를 어떻게 처리할지 고민할 필요도 없어졌다(화장품 용기는 여러 소재가 섞여 있어 분리배출이나 재활용이 어렵다). 화장품을 쓰지 않는 대신 일상적으로 지키려 노력하는 나만의 뷰티 원칙이 있다.

- 따뜻한 물을 자주 마실 것
- 자외선을 가리는 모자나 양산을 쓸 것
- 자극적인 음식이나 가공식품을 피할 것
- 제때 푹 자고 화장실 잘 가는 습관을 만들 것
- 노폐물 배출을 위해 운동할 것

이러한 생활 습관을 이어 가자 얼굴빛이 밝아지고 윤기가 도는 게 보인다. 화장품 CF에 나오는 배우들의 피부처럼 촉촉하지는 않더라도 보송보송하면서 유·수분 균형이 잘 잡힌 느낌이다. 남은 모르더라도 나는 아는 '건강하고 힘 있는' 피부다. 일상이 건강하지 않으면 피부도 건강할 수 없다. 건강한 생활 습관을 익히는 것이 화장품을 바르는 것보다 훨씬 어려운 일이지만, 그 지속성과 능력은 화장품으로 따라잡을 수 없다.

처음부터 화장품 사용을 뚝 멈추기는 어려울 수 있다. 건조하고 추운 날이 아닌 습도가 높고 덜 추운 날에 평소보다 화장품을 적게 발라 보는 것도 좋은 방법이다. 만약 여러 종류의 화장품을 바른다면 한두 단계쯤 생략해 볼 수도 있다.

지금의 나는 민낯으로 출근하고, 인터뷰하고, 강연한다. 그 얼굴이 내 얼굴이다.

윤리적 최소주의자의 '운동' 생활

제로 웨이스트 생활에 필요한 기초는 체력.

내 인생 최초의 자발적 운동은 '새벽 수영'이었다.

운동 센스와 체력은 부족해도

출석만은 성실했던 내게

수영은 이제 자연스러운 생활 운동이 되었다.

"수영할 때는 유선형을 유지해야 한다"

귀가 닳도록 들은 이 말을 지키기 위해

코어 힘을 기르는 운동도 함께 하게 되었다.

수영하러 가는 길에 타는 자전거도

근력을 기르는 데 큰 힘이 된다.

여기에 최근 새로 시작한 운동은 크루저 보드 타기다.

사무실에 가져다 두고 틈날 때마다

조금씩 타는 연습을 하고 있다.

보드 타는 할머니를 꿈꾸며.

가족,
제로 웨이스트에 스며들다

"나 지금 집에 가는 길인데 족발 먹고 싶어?"
내가 사는 아파트 단지에서는 매주 작은 장이 열린다. 참여하는 가게들 중 꽤 맛있는 족발집이 있는데, '언제 한번 용기를 챙겨 가서 포장해 와야지.' 하고 생각하던 차였다. 여느 때처럼 장이 열린 어느 날, 남동생에게서 저녁으로 먹을 족발을 사 가겠다는 문자메시지를 받았다. 곧장 전화를 걸어 내가 퇴근길에 집에 가서 빈 용기를 가지고 나와 포장하겠다고 했다. 그런데 뜻밖에 돌아온 동생의 대답.

"그럼 내가 용기 가지고 가서 담아 줄 수 있는지 물어볼게. 어떤 걸 가지고 가면 돼?"

그날 저녁, 동생은 집에 들러 내가 말한 용기를 챙겨 들고 나가 족발을 포장해 왔다. 심지어 족발집 주인이 이미 포장해 둔 족발을 뜯어 용기에 옮겨 주려는 걸 말리고 새로 썰어 주실 수 있는지 정중히 물어봤단다. 이미 포장된 걸 도로 뜯으면 의미가 없지 않냐며. 그뿐만이 아니다. 우리 가족이 잘 안 먹는 새우젓과 무말랭이무침은 사양하고 쌈장만 받아 왔다는 동생의 말에 나는 연이어 감탄사를 내뱉을 수밖에 없었다. 제로 웨이스터 누나의 어깨너머로 언제 그런 센스를 배운 걸까? 동생은 난생처음 '용기내 챌린지(음식 포장이나 장보기로 생기는 쓰레기를 줄이자는 취지로 다회용기나 천 주머니에 음식이나 식재료를 포장해 오는 운동)'를 보란 듯이 해내고 인증 사진까지 남겼다.

제로 웨이스터들이 겪는 어려움 중 하나는 가족이나 지인의 반응이다. 일상을 함께하는 가족이나 지인이 내가 지향하는 최소한의 삶과 정반대의 삶을 살아가거나 내 행동을 유별나게 바라보는 경우가 많기 때문이다. 주변 사람과 제로 웨이스트를 함께 실천하고 싶은 의욕이 가득한 사람은 이러한 상황에서 어떻게 상대방을 설득하면 좋을지 고민한다. 답은 생각보다 간단하다. '말' 대신 '행동'으로 보여 주면 된다.

　제로 웨이스트 생활을 시작하면서 내가 "앞으로 나는 샴푸를 쓰지 않겠다(노푸, No-shampoo)."라고 선언했을 때, 가족들은 특별히 지지하지도 반대하지도 않았다. 나 역시 가족들에게 노푸를 같이 하자고 권하지 않았다. 1년 정도 지나 여러 시행착오를 거쳐 노푸에 완벽히 적응했을 즈음, 가족들이 내 머리카락에 관심을 가지기 시작했다. 어느 날 엄마가 내 뒷머리를 가만히 쥐어 보며 말했다.

　"원래 이렇게 머리숱이 많았었나? 머리카락도 튼튼해졌네."

　그리고 얼마 지나지 않아 아빠가 은근슬쩍 노푸를 시작했다. 샴푸를 쓰지 않아서 내 머리카락이 굵어졌다는 이야기를 엄마에게서 전해 들은 것이다. 아빠까지 노푸에 동참하자 머리카락 굵기는 자연스레 우리 가족의 최대 관심사가 되었다. 아빠와 엄마에 이어 부쩍 가늘어진 머리카락에 스트레스를 받던 동생도 샴푸 대신 비누로 머리를 감겠다고 선언했다.

　대부분의 샴푸에 포함된 계면활성제나 화학물질은 머리카락을 가늘고 약하게 만들기도 한다. 물론 노푸가 모든

두피에 맞는 것은 아니지만, 자신에게 잘 맞는 관리법을 찾으면 샴푸를 사용할 때보다 머리카락이 건강해진다. 나역시 노푸를 시작한 뒤로 머리카락이 훨씬 굵어지고 빠짐도 줄어들었다.

- 매일 물로만 감되 주 1~2회 비누 사용하기
- 주 1회 린스 대신 구연산액으로 헹구기

지금 우리 가족의 노푸 방식은 조금씩 차이는 있지만 대략 이런 식으로 자리 잡았다. 그 후로는 나도 좀 더 편안하게 가족들에게 내가 추구하는 삶의 방식을 이야기할 수 있게 되었다. 최소한의 삶에 관한 내 생각을 전달하는 데서 그치지 않고 대화를 통해 가족들의 의견도 받아들이며 서로를 배려하는 타협점을 조금씩 찾아 갔다. 예를 들어 주방 세제를 아예 비누로 바꾸고 싶은 마음에 제안했는데, 동생은 비누가 불편하다고 했다. 그럴 땐 리필형 주방 세제를 산다든지 제로 웨이스트 숍에 포장 용기를 가져가서 세제를 담아 온다든지 하는 방식으로 서로의 요구를 맞춰간다.

이렇듯 내가 먼저 일상에서 '행동'하자 가족도 곁에서 그 행동의 의미나 효과를 눈으로 확인하면서 '공감'하고 함께 '실천'하기 시작했다. 이제 시장이나 마트에 갈 때 장바구니를 챙기거나 필요 없는 일회용 물건을 사양하는 일상이 우리 가족에게는 자연스럽다. 이 모든 게 설득이나 강요가 아닌 행동이 이끌어 낸 변화다.

소소한 '용기'가 모여

소소한 '용기'가 모여
커다란 '변화'로

분리배출 요일이 돌아오면, 고작 일주일간 얼마나 많은 일회용품을 사용했는지 실감하고 만다. 쌓인 포장재를 종류별로 분리하면서 한숨을 내쉬다가, 그걸 들고 바깥으로 나가면 더 큰 한숨이 저절로 터져 나온다. 아파트 단지 한쪽에 쌓인 분리배출 쓰레기가 거의 '산'을 이루고 있어서다.

올바른 분리배출과 재활용도 중요하지만, 쉽게 쓰고 버리는 일회용품을 덜 사용하면서 쓰레기 자체를 덜 만들려고 노력하는 게 제로 웨이스트의 핵심이다. 특히 잠깐 쓰고 바로 버리는 일회용 플라스틱 포장재 사용을 줄이면 쓰레기를 크게 줄일 수 있다.

　하루 한 명의 사람이 만드는 생활 쓰레기는 1.16킬로그램(2020년 기준)이다. 그중에서도 눈에 띄는 것은 '일회용 플라스틱 포장재'다. 2021년 그린피스의 '집콕 조사'에 따르면, 일주일의 조사 참여 기간에 841가구에서 발생한 일회용 플라스틱은 총 7만 7288개였다. 특히 식품 포장재로 쓰인 일회용 플라스틱이 6만 331개로, 가정에서 발생한 전체 일회용 플라스틱 폐기물의 78.1퍼센트를 차지했다. 가정에서 압도적으로 많이 배출하는 쓰레기 종류가 식품과 관련된 플라스틱 포장재임을 알 수 있다.

　음식 포장에 무분별하게 사용되는 일회용품을 줄이기 위한 환경 캠페인이 있다. 바로 '용기내 챌린지'다. 식자재나 포장 음식을 사러 갈 때 집에 있는 다회용 용기를 들고 가 일회용 포장재 대신 사용하는 것이다. '물건을 담는 그릇'을 뜻하는 용기容器와 '씩씩한 기운'을 나타내는 용기勇氣를 함께 연상케 하는 언어유희를 활용한 이름이다. 용기容器를 내미는 데 용기勇氣가 필요한 이유는 모두가 이미 길든 '편리함'을 혼자 사양하기가 쉽지 않아서일 것이다. 하지만 시작이 어렵지, 습관이 되면 점점 더 큰 용기를 내게 된다.

최근에는 용기내 챌린지가 SNS와 TV 공익광고 등을 통해 널리 퍼지면서 이러한 도전이 예전보다 한결 쉬워졌다. 오히려 다회용기를 가져오면 혜택을 주는 전통 시장이 있는가 하면, 텀블러나 다회용기 없이는 음료나 음식을 포장해 주지 않는 카페나 식당도 있다. 소비자뿐만 아니라 용기 낸 가게들도 늘어나고 있으니 반가운 일이다. 기꺼이 작은 불편을 감수하는 한 사람, 한 가게의 용기가 모여 불편함을 자연스러움으로 변화시켜 나가고 있다.

자, 부엌 찬장에서 잠자고 있는 빈 용기를 찾아 들고 다음 실천에 도전해 보자.

전통 시장과 제로 웨이스트 숍 찾기

대형 마트에서 찾기 어려운 포장되지 않은 물건을(오히려 과대 포장된 물건이 많다) 전통 시장에서는 비교적 쉽게 접할 수 있다. 나는 외출할 때면 손수건 두 장을 겹쳐 만든 주머니를 챙긴다. 갑자기 장을 보게 되더라도 이 주머니만 꺼내면 웬만한 물건은 다 담을 수 있다. 채소는 물론 견과류나 모종도 문제없다. 왜 편리한 비닐봉지를 마다하는지

의아해하는 상인들도 있지만, 요즘엔 주머니를 내밀기만 하면 바로 이해하고 그 안에 물건을 담아 준다. 오히려 비닐봉지 여러 개로 이중 삼중 싸 달라는 손님보다 훨씬 좋다며 서비스를 넣어 줄 때도 있다. 손수건 주머니에 싸 온 견과류를 유리병에 옮겨 담고 나면 오늘도 쓰레기 없는 장보기를 해냈다는 생각에 괜히 으쓱해진다.

내가 제로 웨이스트 실천을 시작했을 때는 아직 우리나라에 '제로 웨이스트 숍'이라는 것이 생기기 전이었다. 우리나라 최초 무포장 가게가 생겼을 때, 지하철을 타고 한 시간 30분을 이동해서 병아리콩과 캐슈너트 한 줌씩을 포장해 온 적이 있다. 다시 한 시간 30분을 지하철을 타고 돌아오면서, 포장 쓰레기를 줄이기 위해 왕복 세 시간이 걸리는 거리를 이동하는 것이 과연 '친환경적'일까 생각했다. 머릿속이 복잡해졌다. 그래서 아주 먼 거리를 이동하는 대신 우리 집 근처에서, 동네에서 포장 없이 장을 볼 수 있는 가게들을 찾기 시작했다. 그중에 가장 다채로운 물품을 구입할 수 있는 곳이 바로 '전통 시장'이었다. 집 근처의 채소·과일 전문 가게와 동네 화요일 장도 포장하지 않은 먹거리를 구할 수 있는 좋은 장소가 되었다. 우리 동네에서 포장 없이 장을 볼 수 있는 가게들을 찾는 모험은 지금도 계속되고 있다. 빵 나오는 시간을 알아 둔(빵을 식히고 나서 봉지 포장을 하니, 그 시간에 맞춰 가면 포장 없이 빵을 살 수 있다) 빵집, 용기를 내밀 때면 기특해하면서 덤으로 좀 더 주는 견과류 가게 등 점차 우리 동네 제로 웨이스트 숍 지도가 그려지고 있다.

최근에는 무포장 가게인 제로 웨이스트 숍이 전국적으로 늘어나고 있다. 우리 동네에는 또 어떤 색다른 모습의 제로 웨이스트 숍이 있는지 찾아 나가는 것도 흥미롭고 설레는 일일 것이다.

자신 있게, 재빠르게, 쿨하게

속도를 미덕으로 여기는 대한민국에서 상인들의 손은 눈보다 빠르다. "이거 주세요."라고 입을 떼기 무섭게, 물건을 계산대에 올리자마자 빛의 속도로 나타난 일회용 비닐봉지에 물건이 척척 담긴다. 이미 담긴 물건을 도로 꺼내 다회용 용기나 장바구니에 옮겨 달라고 하기에는 눈치가 보이기 마련이다. 손님이 많아 바쁜 가게일 때는 더욱 그렇다. 자, 가게에 들어서기 전에 미리 용기와 장바구니

를 꺼내 들자. 미리 준비물을 챙겨 두면 "여기에 담아 주세요."라고 말할 자신감이 한층 더 높아진다.

물론 거절을 당할 때도 간혹 있다. 귀찮아하는 기색이 역력한 표정에 상처 받으면 더는 용기를 내기 어려워지기도 한다. 하지만 그런 반응에 일일이 상처 받거나 좌절하지 않아도 된다. 언제나 '다음'이 있으니까. 깜박하고 준비물을 챙기지 못했을 때도 마찬가지다. 자신에게 실망하지 말고 '아, 깜박했네. 다음에는 잊지 말아야지.' 하고 '쿨'하게 넘기자. 스트레스를 받지 않고 즐겁게 실천하는 것이 무엇보다 중요하다. 그래야 더 나은 '다음'으로 나아갈 수 있다.

장은 계획적으로, 용기는 넉넉하게

무엇을 살지 미리 계획하고 장을 보면 알맞은 크기의 용기를 준비할 수 있다. 조리된 식품을 포장해 올 예정이라면 가능한 한 용량이 넉넉한 용기를 가져가는 편이 좋다. 주문할 때 잘 먹지 않는 소스나 반찬을 사양하면 불필요한 쓰레기를 줄일 수 있다.

같이 쓰레기
주우실래요?

　　윤리적 최소주의자가 된 뒤로 새롭게 생긴 취미가 있다. 바로 쓰레기 줍기다. 길을 걷다가, 산책하다가, 출퇴근하다가 거리에 쓰레기가 보이면 줍는다. 그리고 그 장면을 사진 찍어 SNS에 인증한다. 내 인스타그램 계정(@ethical_minimalist)은 거의 쓰레기 사진으로 채워져 있고, 그 사진들에는 '#같이쓰레기줍기'라는 해시태그가 달려 있다.

　　내가 본격적으로 제로 웨이스트를 시작한 2016년, 한국에서는 그에 관한 관심이 높지 않고 관련 자료도 찾기 어려웠다. 당시 해외 제로 웨이스터들의 SNS를 종종 들여다보았는데, 다른 나라에서는 이미 길거리나 해변에서 쓰레기를 줍는 환경 운동이 적극적으로 이루어지고 있었다. 일상에서 배출하는 쓰레기를 줄이는 노력에서 더 나아가 동네 쓰레기를 줍는 그들은 '#trash picking', '#trash picker', '#litter pick up' 등의 해시태그를 공유하고 있었다.

이듬해 봄, 나도 인스타그램을 개설했다. 남들처럼 멋진 일상이나 맛집 사진이 아니라 찌그러진 음료수 캔, 구겨진 과자 봉지, 빨대가 꽂힌 일회용 컵, 빈 담뱃갑 따위의 쓰레기 사진을 올렸다. 모두 길에서 주운 쓰레기 사진이었다. 그러다 다른 나라들처럼 우리나라에서도 여러 사람들과 함께 온라인 쓰레기 줍기 활동을 하고 싶다는 욕심이 생겼다. 그해 여름부터 '#같이쓰레기줍기'라는 해시태그를 만들어 쓰레기 사진과 함께 올렸다. 일단 이 해시태그가 달린 사진을 365개까지 채우는 걸 목표로 세우고, 함께하는 사람이 없으면 혼자서라도 달성하겠다는 마음으로 시작했다. 놀랍게도 함께하는 사람들이 점점 늘어났고, 2년째에 365회를 채우고 지금은 2300개 이상의 '#같이쓰레기줍기'가 SNS를 채우고 있다.

한번은 SNS 메시지함에 이런 질문이 도착해 있었다.

왜 쓰레기를 주우세요?

쓰레기를 왜 줍냐는 질문은 처음이라 살짝 당황했지만, 내 생각을 정리해 답신을 보냈다. 쓰레기 하나가 버려져 있으면 그곳에 쉽게 쓰레기가 쌓이지만, 쓰레기 하나를 주우면 그 자리를 깨끗하게 유지할 수 있다고 말이다. 이에 반문이 돌아왔다.

쓰레기를 그대로 두어야 사람들이 쓰레기를 버리지 말아야겠 다고 생각하지 않을까요?

글쎄, 아무 데나 쓰레기를 버리는 사람이 쌓인 쓰레기를 보고 불쾌하다고 느낄지는 몰라도, 자신이 그 쓰레기 더미를 만드는 데 일조했다는 사실을 깨닫고 개과천선하 리라 기대하지 않는다.

솔직히 처음에는 길을 가다 누군가 버린 쓰레기를 줍느 라 허리를 굽힐 때 다른 사람들이 이상하게 보지 않을지

나도 모르게 신경 쓰기도 했다. 그런데도 쓰레기 줍기를 취미로 삼을 만큼 지금까지 이어 올 수 있었던 것은 무엇보다 '재미있기' 때문이다. 내 손으로 동네 거리를 환하게 만드는 재미, 쓰레기로 뒤덮인 들꽃이나 들풀의 숨통을 트게 하는 재미, 작은 수고로 지구에 남긴 인간의 흔적을 조금이나마 덜어 내는 재미 말이다.

게다가 의외로 '이색적인' 재미도 있다. #같이쓰레기줍기 운동을 하면서 비슷한 관심사를 가진 사람들이 생각보다 많다는 사실을 발견했다. 지구를 닦는 사람들의 모임(@wiperth_official), 쓰레기를 줍는 사람들(@sseujubin_official), 등산하면서 쓰레기 줍는 사람들(#클린하이킹), 제주도 바다에서 쓰레기 봉그깅('줍는다'는 뜻의 제주 말)을 하는 사람들(@diphda_jeju) 등 쓰레기를 줍는 사람들의 활동이 지역별로 또는 주제별로 점차 다채로워지고 있었다. 어떤 이들은 출퇴근길이나 산책길에 쓰레기를 줍는가 하면, 어떤 이들은 여행을 떠나 쓰레기를 줍는다.

나 역시 2021년부터 주말, 연차, 여름휴가를 '쓰레기 줍는 여행'을 떠나는 데 쓰기로 마음먹었다. 그 과정이 지속 가능하고 환경과 사회에 좋은 영향을 끼치는 여행을 하

고 싶었다. 여행지에서 쓰레기를 줍고, 채식 식당이나 지역 식당에서 식사하며, 지역 경제를 활성화할 수 있는 작은 숙소를 선택한다. 기왕이면 자연이 아름다운 곳의 쓰레기를 줍고 싶어 국립공원으로 쓰레기 줍기 여정을 떠나기도 했다. 마침 국립공원에는 자원봉사volunteer와 여행tour을 합친 이른바 '볼런투어voluntour'가 있다. 국립공원뿐 아니라 바다와 산, 들, 강, 공원을 여행하며 다녀간 곳을 깨끗하게 만드는 '쓰줍 여행'을 틈나는 대로 떠나고 있다. 요즘은 바닷속 쓰레기를 줍는 일에 도전하고 싶어져서 프리 다이빙도 지난 여름휴가 때 배웠다.

쓰레기를 주울 때마다 머릿속에 떠오르는 장면이 있다. 인류 역사상 최대 규모의 인공물이라는 쓰레기 섬 GPGPGreat Pacific Garbage Patch다. 태평양 거대 쓰레기 지대는 바다 위에서 또 하나의 거대한 영토가 되어 버렸다. 소각하거나 매립하거나 재활용하지 않은, 즉 처리하지 않은 쓰레기는 결국 하천이나 강을 따라 바다로 흘러든다. 이 쓰레기들이 거대한 쓰레기 섬의 일부가 되어 버리면 처리하기가 어렵다. 지금 내 발밑에 있는 쓰레기를 주우면 쓰레기 섬까지 떠내려가는 일을 막을 수 있다.

　쓰레기를 제일 쉽게 주울 수 있을 때가 바로 발 앞에 쓰레기가 있을 때다. 멀리 바다로 흘러 가기 전에 줍자. 내 발 끝에서 바다가 시작된다.

　쓰레기를 줍는 사람이 점차 늘면서 각종 행사마다 쓰레기 줍기 운동을 병행하는 곳도 늘었다. 조깅을 하면서 쓰레기를 줍는다는 뜻의 '플로깅Plogging'이라는 신조어가 전 세계적으로 퍼지면서 우리나라도 '줍깅', '쓰담', '쓰줍' 등 쓰레기 줍기를 일컫는 재미난 명칭들이 생겨났다. 하지만 쓰레기를 버리는 사람도 여전히 많다. 버리는 사람 따로, 줍는 사람 따로 있는 게 아니라 누구나 쓰레기를 줍는 게 당연한 문화를 함께 만들어 가야 한다.

　"오직 한없이 가지고 싶은 것은 높은 문화의 힘이다. 문화의 힘은 우리 자신을 행복하게 하고, 나아가 남에게 행복을 주기 때문이다."

　김구 선생께서도 『백범일지』에서 이야기했듯이 우리에게는 '높은 문화의 힘'이 필요하다. 쓰레기 줍는 문화가 자리 잡으면, 우리는 보다 아름다운 자연을 즐길 수 있고 자원 순환 사회로 나아가는 계기를 마련할 수 있을 것이다.

　쓰레기 줍기는 이제 나에게 습관이자 일상이 되었다.

배출하는 쓰레기는 줄이고, 버려진 쓰레기는 치우는 일.
개인의 실천이 모여 정책이 바뀌고 문화가 바뀌고 지구가
바뀌는 기적을 만드는 일. 이 일에 또 다른 누군가가 함께
하게 되기를 바라며 오늘도 나는 즐거운 마음으로 쓰레기
를 줍는다.

사무실도 함께하는
제로 웨이스트

4월 22일은 지구의 날이다. 그리고 내가 다니는 회사 '지속가능발전협의회'의 창립일이기도 하다. 나혼자만의 실천으로는 한계를 느끼고 아쉬워하던 때에 마침 구인 공고를 발견하고 지원했다. 제로 웨이스트 실천을 하면서 어떤 제도적 변화를 끌어내고 싶었는데 그 방법을 알지 못해 답답하던 차에 '함께' 일할 수 있는 기관의 일자리를 얻게 된 것이다. 그렇게 출근하게 된 지속가능발전협의회는 '자연과 인간이 공존하는 지속 가능한 도시'를 목표로 삼은 기관으로, 환경·사회·경제의 면면을 모니터링하며 실천 사업을 이끌어 가는 협의 기구다. 시민과 기업,

행정기관 등 많은 이해관계자와 상호 협의하고 논의하며 의제를 만들어 가고 있다. '지속 가능 발전'이란 가치에 공감하고 이를 실천하기 위해 노력하는 사람들이 모여 있다 보니, 사무실 환경이나 업무 방식도 자연스럽게 친환경적이고 지속 가능한 방식을 고민한다.

"왜 이렇게 화분이 많아요?"

사무실에 방문한 사람들에게서 흔히 듣는 말이다. 몬스테라, 테이블야자, 극락조, 마리안느, 알로에, 선인장, 고무나무, 야자나무, 관음죽, 스킨답서스, 콩고나무, 남천, 스파트필름, 호야, 도토리나무, 알로카시아, 나비난초, 군자란, 산세비에리아 등 종류만도 스무 가지가 넘는 식물 화분이 50개쯤 사무실에 자리하고 있다. 매주 월요일, 화분에 물 주는 일이 그야말로 '일'로 느껴질 정도로 많지만 얻는 게 더 많다. 스킨답서스는 벽과 천장을 타고 올라가 사무실 벽을 푸릇푸릇하게 물들이며 사무 공간에서의 피로감을 줄여 준다. 공기 정화와 심리적 안정, 생물 다양성을 확보하기 위한 식물들은 이곳을 친환경 사무실로 만들어 주는 대표 마스코트다.

우리 사무실에서는 일회용 종이컵 대신 스테인리스 컵

을 쓴다. 50~70명에 이르는 많은 인원이 참석하는 회의나 행사를 진행할 때는 어렵더라도, 일상적인 회의에서는 가능한 한 커피를 직접 내리거나 티백 아닌 수제 과일 차를 제공한다. 공고문은 테이프가 아니라 종이 그대로 꽂을 수 있는 게시판을 사용하고, 현수막과 포스터도 자석으로 고정한다. 내부 회의 자료나 문서는 물론 이면지를 주로 사용한다. 또 '지속 가능한 미래'를 만드는 일을 하는 곳이다 보니, 이른바 '착한 소비 제품'이라고 불리는 물건을 주로 쓴다. 커피 원두로 만든 화분이나 종이 뽁뽁이(에어캡), 지역 자활 센터에서 만든 다육식물 화분, 종이 스테이플러도 그중 하나다. 큰 유리창에 에어캡을 붙여서 냉난방을 하는 데 드는 에너지를 절약한다. 개인적으로는 컴퓨터 대기 전력을 소비하지 않기 위해 퇴근할 때마다 꼭 콘센트를 끄곤 한다.

자전거 출퇴근 챌린지, 지역의 생물 다양성 보존을 위한 모니터링, 지구를 위한 날인 '환경 기념일'에 대한 뉴스레터 제작 등 사무 공간부터 업무 내용까지 친환경이다. 자전거 출퇴근 챌린지는 '에코바이크'라는 앱을 이용해, 출근 및 퇴근을 할 때 자전거를 타는 이들을 독려하는 캠페인이다. 집에서 회사 근처까지는 지하철을 타고, 지하철 역에서 사무실까지는 자전거를 타고 출퇴근한다. 요즘은 출퇴근 이외에도 지역의 식당에 일주일에 세 번 샐러드를 받으러 갈 때도 자전거를 타고, 새벽 수영을 갈 때도 자전거를 탄다. 가까운 지역으로 출장 갈 때도 자전거는 훌륭한 교통수단이 되어 준다.

이런 사무실이다 보니, 그간 혼자 또는 가족과 실천하던 제로 웨이스트 습관을 사무실에서도 지속할 수 있도록 응원하고 지지해 준다. 일회용 컵을 사양하고 수저 밑에 냅킨을 깔지 않는 소소한 습관을 존중해 주니 편하게 실천을 이어 갈 수 있다. 조금 귀찮고 조금 불편한 친환경 방식을 있는 그대로 인정하고 받아들이는 동료들에게 용기를 받기도 한다. 차나 커피를 마시기 위해 텀블러를 챙기는 사람들, 불필요한 자원을 사용하지 않으려 노력하는 이들과 함께 일하면서 다양한 견해를 받아들이고 새로운 지혜를 얻는다.

제로 웨이스트를 실천하는 '환경 운동가'로서 이 사회에서 어떤 역할을 해야 할지, 같은 가치를 지향하는 조직과 시민 단체와 어떻게 협업하면 좋을지, 정책은 또 어떻게 마련하면 좋을지 치열하게 고민하면서 일하고 있다. 타인과 환경을 배려하고 존중하는 우리 사무실의 선한 영향력이 벽을 타고 오르는 스킨답서스처럼 지역사회와 더 넓은 세상으로 기운차게 뻗어 나가기를 바란다.

윤리적 최소주의자의 '도시락' 생활

제로 웨이스트를 실천하면서부터

자연스럽게 간식 도시락을 챙겨 다니는 습관이 생겼다.

반나절 이상 외출해야 할 때는

과일 한 알이라도 챙겨 나가면

입도 즐겁고 마음도 편하다.

회사에서도 구내식당에서 식사하기 어려운 날이면

잊지 않고 채소 도시락을 싸서 출근한다.

도시락이 별건가, 다회용기에 음식 담으면 끝이지.

사과, 포도, 고구마말랭이까지 스테인리스 통에 담으면

든든한 간식, 때론 간소한 한 끼 식사가 된다.

입이 심심하다고 해서 굳이 편의점에 들를 일이 없다.

만약 소일의 '왓츠 인 마이 백'을 한다면

가장 든든한 '잇템'으로 도시락 통을 꼽지 않을까?

"보통 핸드백 안에 도시락 하나쯤은 가지고 다니지 않나요?"

누구나 넣고,

누구나 가져가 드셔도 됩니다

영화 〈나, 다니엘 블레이크I, Daniel Blake〉는 한 노인과 싱글 맘 가족이 어려운 상황에서 서로 의지해 가는 이야기를 담고 있다. 영화 속에서 각자의 어려움을 겪는 노인 다니엘과 싱글 맘 케이티의 모습을 마주했을 때 많은 생각이 들었다.

지병 악화로 일을 그만둔 다니엘은 실업수당을 신청하러 관공서를 찾는데 복잡하고 형식적인 행정절차 탓에 번번이 실패한다. 스마트폰이나 컴퓨터를 사용할 줄 모르는 그에게 '신속하고 간편한' 디지털 행정은 그저 남의 이야기일 뿐이다. 오늘날 우리는 (코로나19 팬데믹 이후로 특히)

QR 코드 인증이나 키오스크 주문 등 디지털 서비스가 당연한 일상을 살아간다. 하지만 컴퓨터 앞에서 굳은 다니엘의 표정은 이러한 시스템이 모두에게 편리한 것은 아니라는 사실을 깨닫게 한다.

싱글 맘 케이티는 아이들을 챙기느라 정작 자신은 오랜 시간 굶주려 왔다. 그는 기부 받은 식료품을 나눠 주는 푸드 뱅크에서 필요한 물품을 담다가 배고픔을 참지 못하고 그 자리에서 통조림을 뜯어 허겁지겁 먹는다. 다른 이에게 그 모습을 들키곤 자괴감에 무너지듯 울음을 터뜨리는 케이티. 그 모습에 가슴이 턱 막혀 왔다. 맛집과 배달 앱이 넘쳐 나고 '먹방'이 하나의 문화가 된 지금도 어딘가에는 케이티와 같이 '먹거리 사각지대'에 놓인 이웃이 분명히 존재한다는 사실을 알아서일 것이다.

현대 복지 제도의 허점과 사회에서 소외된 사람들의 이야기를 다룬 이 영화를 볼 때마다 내 담당 업무 중 하나인 '공유냉장고' 프로젝트를 떠올린다. 수원 공유냉장고는 누구나 음식을 넣고 누구나 음식을 가져다 먹을 수 있는 마을의 나눔 냉장고다. 이웃 간에 음식을 나누면서 어려운 이웃을 지역이 함께 돌볼 수 있도록 기획한 프로젝트다.

다니엘이 자신도 힘든 상황에서 케이티를 도왔듯이 지역 시민들이 필요한 이웃에게 먹거리를 무상으로 나누는 것이다. 잉여 먹거리 자원이 마을과 공동체 안에서 순환하도록 하는 게 핵심이다.

먹거리를 공유하는 움직임은 수원 공유냉장고뿐만 아니라 오래전부터 전 세계적으로 나타나고 있다. 독일의 저널리스트 발렌틴 투른은 〈쓰레기를 맛보자 Taste the Waste〉라는 다큐멘터리를 통해 먹거리의 절반이 음식물 쓰레기로 폐기되는 현실을 비판하고 나섰고, 이를 계기로 독일에서 거리 냉장고와 푸드 셰어링 운동이 펼쳐졌다. 유럽 최초로 푸드 뱅크를 시작한 프랑스는 해마다 버려지는 710만 톤의 음식물 쓰레기를 줄이기 위해 슈퍼마켓이 팔다 남은 식품을 자선단체에 기부하게 하는 식품 폐기 금지법을 만들었다.

2018년에 1호점이 설치된 수원 공유냉장고는 해마다 늘어나 이제는 39개소가 설치되어 운영되고 있으며, 공유 경제의 대표적 실천 사례가 되어 전국적으로 확산하고 있다. 공유냉장고가 제대로 작동할 수 있는 핵심 요소는 무엇보다 각 마을에서 이를 운영하는 '시민'이다. 공유냉장

고 운영자는 시민들의 자발적인 신청을 받아 활동한다. 냉장고 관리부터 운영이나 분배, 홍보까지 다양한 역할을 자원봉사자들이 도맡아 하는 것이다. 이 프로젝트를 담당하는 나는 각 마을에서 운영자들이 공유냉장고를 원활하게 운영할 수 있도록 지원하는 역할을 하고 있다. 매일 마을별 각 공유냉장고를 찍은 사진들이 카카오톡 단체 채팅방에 올라온다. 공유냉장고마다 공유되는 먹거리에 따뜻한 마음이 깃들어 있다. 공유냉장고는 차가운 냉장고이지만, 우리 마을의 따뜻한 냉장고이기도 하다.

24시간 365일 운영되는 공유냉장고에는 별별 사연이 담긴다. 재고 제품이지만 유통기한이 남아서 폐기하기 아까운 음료를 정기적으로 후원하는 업체, 날마다 남은 반찬을 넉넉하게 소분해 공유하는 백반 식당, 주말농장이나 도시 텃밭에서 직접 기른 상추, 배추, 파 등 채소를 이웃과 나눠 먹기 위해 공유하는 시민들……. 다양한 먹거리가 다른 이를 배려하는 마음과 함께 공유냉장고에 잠시 담겼다가 필요한 이웃에게 전달된다. 꼬깃꼬깃한 종이에 비뚤배뚤한 글씨로 쓰인 "감사합니다."라는 말 한마디, 슬쩍 두고 간 아이스크림 한 개, 귤 한 알. 따뜻한 마음은 온기를 더해

다시 냉장고에 담긴다. 이웃을 배려하고 인간으로서 존중 받기를 바란 다니엘 블레이크처럼 마을 이웃들이 온기 가 득한 마음을 나누고 있다.

안녕하세요,
초보 작가 소일입니다

안녕하세요, '소일' 님. 민음사 출판그룹 판미동의 장미 편집자입니다. 일전부터 소일 님 블로그를 즐겨찾기에 두고 심심할 때마다 살펴보곤 하였습니다. 소일 님만큼 실천하지는 못하지만 내 삶에서 작게 실천할 수 있는 건 무엇인가 고민해 보기도 하였고요. 그 와중에 소일 님이 실천하고 계신 제로 웨이스트에 대해, 그것을 둘러싼 삶의 변화와 실천 가능한 일들에 대해 다루는 책을 만들면 어떨까 생각하게 되었습니다.

어느 날 한 통의 메일을 열어 보고는 믿기지 않아 한참을 들여다보았다. 함께 책을 만들어 보자는 제의가 얼떨떨

하면서도(사실 처음에는 정말 출판사에서 보낸 메일이 맞을까 의심하기도 했다) 그간의 실천과 노력을 인정받은 것 같아 기뻤다. 긴장과 불안, 기쁨과 설렘을 안고 나간 첫 미팅에서 담당 편집자님과 디자이너님을 만났다. 두 분 모두 블로그 속 나의 일상에 관해 이미 잘 알고 있었다.

'누구나 블로그에서 무료로 볼 수 있는 글을 굳이 책으로 엮을 필요가 있을까? 책을 만든다 해도 사람들이 읽어 줄까?'

고민이 많았지만 든든한 편집자님과 함께였기에 '책'이라는 새로운 도전을 해 보기로 했다. 일기를 적듯 블로그에 기록해 온 6년간의 제로 웨이스트·미니멀 라이프 실천기를 책이라는 형식으로 바꾸는 일은 생각보다 간단한 작업이 아니었다. '블로그에 써 둔 글을 좀 다듬으면 되겠지.' 하고 가볍게 생각했던 건 오산이었다. 일하면서 틈틈이 원고를 구성하고 쓰는 일은 예상보다 더뎠다. 출판 계약을 했다는 사실은 신나서 동네방네 소문냈는데, 원고는 마감하지 못하고 있는 난감한 상황이라니…… '아, 괜히 책을 낸다고 했나? 글이 이렇게 안 써지니 어쩌지? 나는 작가가 될 깜냥이 안 되나?' 걱정과 두려움이 함박눈처럼 머릿

속에 쏟아졌다. 한편으로는 '책이 나오면 진짜 작가가 되는 건가? 책은 재생 종이로 인쇄하면 좋겠다. 책 제목은 무엇으로 하지?' 같은 기대감과 설렘이 잔뜩 쌓인 두려움과 걱정을 뚫고 나오기도 했다.

마치 호랑이 장가가는 날의 날씨처럼 변덕스러운 나날 속에 응원해 준 블로그 이웃들과 자랑스러운 딸내미로, 누나로 곱게 봐 준 가족, 묵묵히 기다려 주고 조언해 준 편집자님 덕분에 어찌어찌 초고를 완성했다. 이제 의견을 치열하게 주고받으며 퇴고를 거칠 일이 남긴 했지만, 산 하나를 넘으니 산맥을 마주할 용기가 났다. 그렇게 원고가 조금씩 꼴을 갖추기 시작했다. 그리고 크리스마스가 가까운 어느 날, 원고가 책의 형식으로 탈바꿈한 '교정지'를 선물처럼 받았다. 교정지를 손에 들고 보니 곧 책이 나온다는 사실을 실감할 수 있었다.

책 한 권에는 작가의 글 말고도 많은 사람의 손길과 생각이 담긴다는 사실을, 책을 만들면서 배웠다. 함께 책을 만드는 이들과 소통하며 책의 만듦새에 관해서도 의견을 적극적으로 제시했다. 글이 담은 가치관과 일치하도록 가능하면 간결하고 깔끔한 디자인에 글 간격을 충분히 마련하고 글씨 크기를 키워서 보기 좋게 만들려 했다. 코팅하지 않은 친환경 인증(FSC 인증) 종이에 날개, 겉표지, 띠지를 없앴다.

미팅 → 계약 → 목차 작성 → 초고 작성 → 편집 논의 → 원고 수정(수정 또 수정……) → 제작 논의 → 사진 촬영 → 퇴고 → 인쇄 등의 길고 긴 과정을 거쳐 2021년 1월 13일 소일의 첫 책『제로 웨이스트는 처음인데요』가 세상에 나왔다.

처음부터 내 이름으로 책을 한 권 써 보겠다는 꿈이 있었던 것은 아니었다. 그저 간결하고 가벼운 삶을 빚어 가는 과정을 블로그에 기록했고, 그 기록을 6년간 쌓았을 뿐이다. 실천이 쌓이고, 기록하고, 다시 지식의 부족함을 깨달아 또 새로운 것을 배우고, 다시 기록하고……. 이런 과정을 반복하다가 어느새 내 이름을 건 책을 출판한 작가가 되었다.

작가作家: 시나 소설, 사진, 그림, 조각 등의 예술품을 창작하는 사람.

'작가'라는 말이 내 이름 앞에 붙는 게 아직은 낯간지럽기도 하다. 하지만 거창한 예술품, 걸작을 만들기를 바라지는 않아도 뭔가를 (쓰레기 대신) 남길 수 있는 사람이 되기로 했다. '작가 소일'이 자연스럽고 익숙해질 만큼 더 많이 쓰고 더 많이 공부하고 더 많이 실천하는 사람이 되고 싶어졌다. 더 나아가 '환경 작가'라는 좀 더 명확한 꿈을 꾸게 되었다. 일상에서 환경 실천을 이어 가고, 그 경험을 바탕으로 생각을 정리해 환경에 도움이 되는 글을 쓰고 싶어진 것이다. 이제 책 한 권을 출판한(이 책이 나오면 두 권이다) 경험을 가진 신인 작가 소일은 또다시 새로운 도전을 향해 발걸음을 떼고 있다.

공부가 필요해

매주 금요일 새벽 5시 30분, 부은 눈을 뜨고 온라인 화상회의에 접속한다. '쓰줍인' 온라인 환경 스터디에 참석하기 위해서다. '쓰레기를 줍는 사람들'이라는 뜻을 가진 '쓰줍인' 온라인 모임은 2020년 11월에 본격적으로 활동을 시작했다. 나는 이듬해 1월부터 참여했는데, 그동안 혼자서 제로 웨이스트를 실천한 내용을 책으로 엮은 직후였다. 책을 출간한 게 뿌듯하면서도 이제부터는 어떤 실천을 하고 공부를 해야 할지 막막하기도 해서 새로운 방식을 찾아야겠다는 생각이 들던 참이었다.

그때 우연히 SNS에서 '쓰줍인' 스터디 모집 공고를 발견했다. '이거야! 환경에 관심 있는 사람들이 함께 모여 온라인으로 스터디를 한다니!' 마침 시간도 새벽 시간이라서 다른 일정과 겹칠 일도 없었다.

쓰줍인의 스터디 활동이 막 시작되었을 때는 요즘처럼 체계적인 스터디 구조를 갖추지는 못했다. 그래도 환경에 관심을 기울이고 쓰레기 줍기 활동을 하는 사람들이 한자리에 모인다는 사실만으로도 우리에게는 고무적인 시간이었다. 그 안에서도 관심사를 비롯해 실천 계기, 실천 내용, 관점이 각양각색이라 서로의 이야기를 듣고 나누는 일이 무척 흥미로웠다.

매주 스터디 주제를 미리 공지하면, 그 부분을 각자 공부하고 온 뒤 함께 모여 이야기를 나누는 방식으로 쓰줍인 스터디는 진행된다. 생물 다양성, 폐기물, 분리배출, 채식, 미니멀 라이프, ESG 등 다양한 주제를 두고 심도 있게 의견을 나눌 수 있다. 그리고 매달 영화나 다큐멘터리 한 편, 책 한 권을 정해 두고 공부하고 있어서 다양한 자료를 접할 기회가 많다.

최근에는 스터디 모임뿐 아니라 오프라인 모임도 다양해지고 활발해졌다. 쓰줍인 리더들과 여러 운영진의 계획에 따라 지역별로 쓰레기 줍는 러닝, 쓰레기 줍는 등산, 비건 보디 프로필 만들기 등 여러 프로그램을 진행하고 있다.

스터디를 할 때마다 미리 대본을 준비해 오는 건가 싶을 만큼 논리 정연하고 차분하게 공부한 내용을 발표하는 사람들을 보면서 많은 것을 느끼고 배운다. "세 사람이 같이 길을 걸어가면 반드시 내 스승이 있다."라는 공자의 말 그대로다. 새로운 지식과 정보를 배울 뿐만 아니라 내가 가진 지식과 정보, 경험을 다른 사람들과 나누면서 저절로 생각이 정리되기도 한다. 1년 동안 매주 꾸준히 스터디에 참여하면서 새로운 실천과 도전의 기반을 닦아 나가고 있다.

지식과 정보를 얻는 수단 중 가장 신뢰하는 수단이 있다면 바로 '책'이다. 매일없이 읽지는 못해도 책을 가까이 하려 노력한다. 제로 웨이스트와 미니멀 라이프를 추구하기 전에는 천장까지 책으로 가득한 서재를 마련하는 것이 버킷 리스트의 하나이기도 했다. 하지만 지금의 생활을 시작하면서 내가 원하는 모습은 '지혜로운 사람'이지 책을 많이 소유한 사람이 아니라는 사실을 깨달았다. 책을 책꽂이에 많이 꽂아 둔다고 해서 지식과 지혜를 얻을 수 있는 건 아니다. 책 욕심이 날 때마다 이 점을 생각하면서 서재에 집착하던 마음을 비울 수 있었다.

'사고 소유하는' 책에 대한 집착은 줄였지만, 그렇다고 책 자체에 관심이 사라진 것은 아니다. 책을 늘리지 않으면서도 관심 있는 책을 찾을 수 있는 도서관으로 자연스레 발걸음을 옮기게 되었다. 운 좋게도 우리 동네 도서관 자료실에는 생태·환경 특화 코너가 있었고, 나는 그 코너의 책들을 '도장 깨기'를 하듯이 읽어 나갔다. 그러다 내 삶의 방식을 바꾸게 만든 책들을 만났다. 여러 책 속에 담긴 환경에 대한 다양한 시각을 바탕으로 내가 진정 원하는 삶의 방향을 구체적으로 그리는 데 영감을 얻을 수 있었다.

최근에는 책을 읽을 때 인상 깊은 내용을 책 제목 등의 서지 정보와 함께 쪽수까지 표시해 필사해 두곤 한다. 눈으로 읽기만 하다가 손으로 '필사'하는 습관이 생기면서 읽는 속도는 확실히 떨어졌지만 그만큼 집중도가 높아졌다. 조금 귀찮고 힘들더라도 이렇게 그때그때 기록해 두면 책 원고를 쓸 때는 물론 대학원 과제를 하거나 청탁받은 원고를 쓸 때, 강연 자료를 만들 때도 큰 도움이 된다.

"한 인간의 존재를 결정짓는 것은 그가 읽은 책과 그가 쓴 글이다."라고 소설가 도스토옙스키는 말했다. 어떤 사람이 되고 싶은지, 어떤 글을 세상에 던지고 싶은지에 관한 나의 고민은 계속될 예정이다. 그래서 앞으로 더 많이 읽고, 쓰고, 공부하며 존재하려 한다.

함께 만들어 가는 강연,
90원짜리 라면 봉지 교재

첫 책을 출간하고 난 뒤 북 토크나 강연의 기회가 부쩍 늘었다. 환경에 관한 이야기를 글로 쓰는 작가가 된 것만도 기쁜데, 그 이야기를 대중 앞에서 말로 전달할 수 있게 되다니 놀라운 일이다. 환경 관련 기관에서 일하면서 제로 웨이스트, 환경 실천, 지속 가능 발전 목표 등에 관해 강연하는 '강사'라는 일을 겸하게 된 것이다.

사실 저자로서는 내가 쓴 이야기를 독자가 어떻게 읽고 느낄지가 늘 궁금하다. 재미있게 읽을까? 공감할까? 이건 너무 무리라고 생각할까? 독자 반응을 실시간으로 확인할 수 없어 아쉬웠다. 그런데 강연은 현장에서 서로 눈을 마주치며 듣는 사람이 어떻게 느끼는지, 궁금한 것은 무엇인지 그 반응을 직접 볼 수 있어서 직관적이다. 질문에 바로 답할 수 있는 데다 표정을 보며 이야기를 나눌 수 있어서 더 흥이 난다.

나의 이야기를 긴 시간 동안 경청할 이들에게 감사하는 마음에 최대한 강연 참석자가 궁금해하고 흥미를 느낄 만한 이야기를 준비하려고 한다. 그래서 강연 전에 '사전 설문 조사'를 꼭 요청하고 있다. 처음 만나는 사람들이 내게 궁금한 점은 무엇인지, 제로 웨이스트를 알고 있는지, 실천해 본 경험은 있는지, 지속 가능 발전 목표에 관해 들어 봤는지, 이 강연에 어떤 것을 기대하는지…… 간단한 설문 조사이지만 강연 시간 동안 함께할 사람들의 관심사를 일부 파악할 수 있는 중요한 수단이 된다. 사전 설문 조사를 바탕으로 어떤 이야기를 중점적으로 전할지를 정한다.

최근 들어 제로 웨이스트라는 용어가 흔히 알려지면서 대다수가 이 단어를 들어 본 적이 있다고 답한다. 한편 직접 실천해 본 경험은 그에 못 미치는 경우가 많다. 간혹 환경에 관심이 많고 제로 웨이스트를 실천한 경험이 있는 사

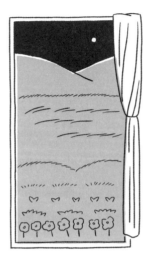

람들을 대상으로 하는 강연은 금세 즐거운 수다의 장이 되
곤 한다. 같은 고민을 하고 실천하면서 여러 시행착오를
겪어 본 만큼 서로 공감할 수 있는 이야기가 많아서다. 이
를테면 "물기 있는 젖은 손수건을 어떻게 다시 사용하느
냐?"라는 질문에 손수건을 여러 장 가지고 다니는 습관과
나만의 손수건 순환 시스템을 소개하다 보면, 그 이야기만
으로도 시간이 훌쩍 흘러간다. 깨끗한 손수건은 오른쪽 주
머니에 넣어 두고, 물기가 묻거나 코를 풀거나 한 손수건
은 왼쪽 주머니에 구분해서 넣어 둔다는 말에 즐겁게 웃음
을 터뜨리는 참석자들의 모습에 나 역시 힘을 얻는다. 그
동안 제로 웨이스트라는 걸 몰랐지만, 사실 거창한 게 아
니라 이미 자신이 평소에 지키고 있던 알뜰한 습관, 소소
한 실천이었다는 걸 깨달은 참석자들의 표정이 환하게 풀
어질 때면 마음이 따뜻해진다.

  이렇듯 좋은 강연은 나 혼자 일방적으로 말하는 시간이
아니라 서로의 경험을 나누며 모두가 함께 만들어 가는 시
간으로 완성된다.

  때론 어린이를 대상으로 한 강연에서 함께 야외에서 쓰
레기 줍기를 실천하는 시간을 가지기도 한다. 일단 시작하

기 전에 다 같이 스트레칭을 하면서 서먹한 분위기를 푼다. 어떤 쓰레기가 많이 나오는지, 어떤 곳을 공략하면 좋은지, 또 어떻게 분리배출을 하고 처리해야 하는지 직접 눈으로 보고 손으로 주우면서 이야기를 나눈다. 천천히 걸어가면서 자연을 살피고 그 속에서 쓰레기를 찾아 치우는 일이 낯선 경험이기에 아이들의 반응은 뜨겁다.

"선생님, 저 이거 주웠어요!"

"저도요! 여기서 찾았어요!"

물론 아이들에게 하나하나 설명하거나 아이들의 말에 반응하면서 쓰레기를 줍는 일은 에너지가 꽤 필요하다. 하지만 쓰레기 줍기를 경험해 본 아이는 쓰레기를 길거리에 버리지 않는다는 사실을 알기에 가능한 한 이 프로그램을 꼭 계획하곤 한다. 조금도 썩지 않은 채 땅속에 파묻혀 있는 1988년도 올림픽 마크가 인쇄된 라면 봉지(심지어 '권장소비자가격'이 90원이다), 이보다 더 강력한 환경 교육 교재가 있을까?

강연을 하다 보니 요즘은 말하는 법도 고민하고 있다. 평소 나는 말이 빠른 편이다. 흥분하거나 긴장하면 더 빨라지고, 목소리도 더 커진다. 좀 더 또박또박 천천히 말하면서도 메시지를 분명하고도 편안하게 전달할 수 있는 사람이 되고 싶어서 말하기 기술에 관한 자료도 틈틈이 찾아보고 있다. 초보 작가, 초보 강사로서 갈 길이 아직 멀다.

윤리적 최소주의자의 '콘텐츠' 생활

나의 제로 웨이스트 생활에 영향을 가장 많이 끼친 책을 꼽자면,

바로 『노 임팩트 맨No Impact Man』이다.

미국 뉴욕 맨해튼에 거주하는 한 가족이

지구에 무해無害한 생활을 실천하는 모습을 글로 쓴 책.

후에 다큐멘터리로도 만들어졌다.

나는 저자 콜린 베번의 생각에 무척 공감할 수 있었다.

전기에너지도 없이 사는 그의 도전까지는 엄두가 나지 않았지만,

대신 에너지 자립을 위해 '시민햇빛발전사회적협동조합'으로

나눔햇빛발전소를 짓는 데 참여했다.

책은 가능하면 도서관을 이용하고,

영화는 스트리밍 방식보다 구매하여 내려받기.

그리고 그렇게 책과 영화를 통해 살펴본 타인의 삶 속에서

내 삶의 힌트를 얻는 일.

그것이 나의 콘텐츠 생활 아닐까?

제로 웨이스트가 초대한
또 다른 삶

인생은 골목길을 걷는 일과 같다. 저 앞에 놓인 골목 모퉁이를 돌면 누구를 만날지, 어떤 일과 마주칠지, 어디로 가게 될지 모르기에 인생은 재미있다. 윤리적 최소주의자의 삶을 살면서 기록하고 책을 쓰고 강연까지 하게 된 요즘, 부쩍 드는 생각이다. 그러다가 문득 궁금증이 일었다. 불특정 다수 앞에서도 주눅 들지 않고 내 경험을 이야기하는 힘은 어디에서 왔을까? 되돌아보니 큰 도움이 되는 지금의 능력들을 얻게 된 지난 순간들이 분명히 있었다.

2016년 블로그에 제로 웨이스트 실천을 기록하기 시작

했을 때쯤 꼭 도전해 보고 싶었던 '도슨트(전시 해설)' 자원
봉사자 양성 교육과정을 신청했다. 집에서 멀지 않은 아트
센터에서 매년 10주간 도슨트 양성 교육을 진행하고, 세
차례의 과제 제출과 현장 시연을 거쳐 도슨트를 선발하고
있었다.

교육을 마치고 실제로 현장에서 작품을 소개하는 시연
을 하는 날, 얼마나 떨리던지 머릿속이 새하얗게 질려 버
렸다. 내가 지금 무슨 말을 하고 있는지조차 모를 만큼 허
둥대며 시연이 망해 갈(?) 때쯤 어린이 관람객을 동반한
가족이 전시실에 입장했다. 어린이 관람객은 무언가를 설
명하는 모습이 신기했는지 나를 빤히 쳐다보며 내 말에 귀
기울였다. 그 전까지 현장 시연을 채점하는 전문 도슨트
선생님과 큐레이터 선생님 앞에서 온통 엉켜 있던 머릿속
의 실타래가 술술 풀리는 듯했다. 가까스로 현장 시연을
무사히 마무리했고 아슬아슬했지만 도슨트 과정에 합격
할 수 있었다.

그 뒤로 아트센터에서 도슨트 자원봉사자로 활동한 지
어느새 6년이 되어 간다. 월 1~2회 주말마다 도슨트 활동
을 하면서 수많은 관람객을 만났고, 그들과 약 한 시간 동

안 함께했다. 조금 난해하게 느껴지는 예술 작품도 관람객들이 흥미롭게 접할 수 있도록 안내하는 역할은 생각보다 쉽지 않았다.

자원봉사로 하는 일이기는 해도 어떤 나이대, 어떤 성향의 관람객을 만날지 모른다는 긴장감 속에서 준비한 이야기를 왜곡 없이 전달하기 위해 수없이 연습하고 공부해야 했다. 집중력이 끊기지 않게 관람객의 흥미를 유발하고 정보를 전달하면서도 그 표현이나 용어가 너무 어렵지 않아야 하고, 해설하면서 관람객의 시야를 가리지 않아야 하고, 개인 생각을 주입해서는 안 되고, 단정한 옷차림과 외양을 갖춰야 하고……. 이처럼 여러 면에서 신경 써야 하는 도슨트 활동을 꾸준히 이어 온 덕분에 지금 대중 앞에서 강연할 때 긴장을 훨씬 덜 수 있는 여유가 생긴 게 아닌가 생각한다.

'환경 교육'에 관한 시각이 열린 것은 '사회환경교육지도사(현재는 '환경교육사'로 명칭이 변경되었다)' 자격증을 취득하면서부터다. 환경부에서 주관하는 자격증으로, 일정 시간 이상 교육받고 필기시험과 실기시험을 통과해야 받을 수 있다. 환경 실천에 관심이 많았지만 환경 교육은 받아 보기만 했지 내가 그 역할을 할 수 있다고 생각해 본 적은 없었다. 그러다 '사회환경교육지도사'가 '환경 교육'과 직접 관련된 거의 유일한 자격증이라는 사실을 알게 되었다. 사회 환경 교육은 '학교 환경 교육'을 제외한 모든 교육을 일컫는 말이다. 환경 교육 전문가를 양성하고 환경 교육의 질과 신뢰성을 높여 시민들에게 더 나은 환경 교육 서비스를 제공하는 것을 목표로 한다.

막연히 알고 있었던 환경 교육을 체계적으로 학습하고, 또 오랜 시간 환경 교육 현장에서 활동한 선생님들을 직접 만나면서 앞으로 내가 할 수 있는 환경 교육에 관해서도 생각을 차분히 정리할 수 있었다.

사실 처음 자격증을 알아볼 때는 일하는 단체에서 교육 업무의 전문성을 좀 더 높여 보자는 생각이었다. 그러다 환경 강사로서 강연을 의뢰받는 경우가 늘어나면서 단순히 책과 나의 실천을 소개하는 걸 넘어서 전문적인 '사회 환경 교육'의 기회로 삼아야겠다고 마음먹었다. 강연을 듣는 사람, 즉 학습자는 어떤 사람들인지, 학습 목표에 내가 전하고자 하는 이야기를 어떻게 담아낼 수 있는지를 파악하고 체계적으로 강연을 준비하는 데 이 교육이 얼마나 많은 도움이 되었는지 모른다.

눈앞에 보이는 골목을 돌면 어떤 길이 나타날지 알 수 없듯이, 도슨트 자원봉사 활동, 사회환경교육지도사 자격증이 나를 어떤 길로 이끌지 처음에는 예상하지 못했다. 어제의 다양한 경험을 발판 삼아 나는 조금씩 성장하고 있다. 오늘의 경험이 내일의 나를 더 나아가게 만든다. 이 길이 앞으로 또 어디로 이어질지 기대해 본다.

더 나아진 오늘을 사는
할머니가 되는 꿈

처음 네이버 블로그라는 전자 일기장에 '비움'의 기록을 하기 시작했을 때, 1000개쯤 삶에서 덜어 내면 삶의 알맹이만 남지 않을까 기대했었다. 960여 개를 비워 낸 지금, 내가 생각했던 알맹이에 좀 더 가까워졌을까?

하루에 하나씩 비우는 물건을 늘려 30일 동안 465개의 물건을 비우는 '미니멀리즘 게임', 기간을 정해 두지 않고 비우는 '물건 1000개 비우기', 매일 하나씩 플라스틱 물건을 비우고 대체할 수 있는 방법을 찾는 '플라스틱 미니멀리즘 게임' 등 그간 4850개가 넘는 물건을 삶에서 덜어 냈다. 약 5000개의 물건을 비우면서 단순히 버리는 방법도 있었지만, 가능하다면 중고 거래나 기부 등의 방식을 활용했다.

내게는 더 이상 '쓸모'가 없는 물건이지만 그저 쓰레기로 버려져 소각되거나 매립되지 않도록, 적절한 사용처를 찾는 과정을 통해 적극적으로 기부를 실천하게 되었다. 머리카락을 길러서 소아암 환자들을 위해 기부하거나, 폐휴대전화를 모아 기부하기도 했다.

잡동사니를 꾸준히 비우고 있는데도 이상하게도 잡동사니가 줄지 않는 기이한 현상도 경험했다. 안 쓰는 물건을 기부하고, 나누고, 버리는 만큼 또 새로운 물건을 사들이고 있는 나를 발견하게 된 것도 그즈음이다. '아! 불필요한 소비를 줄이지 않고서는 내가 추구하는 단순한 삶은 요원하겠구나.'

합리적이고 꼭 필요한 소비만 하는 줄 알았는데 나의 소비를 천천히 돌아보면서 무분별한 소비를 하느라 얼마나 많은 경제적·환경적 자원을 허비하고 있었는지를 깨달았다. 소비에 중독되어 있던 나를 해독해 준 것은 '보공 님의 소비 디톡스'였다. 보공 님을 따라 소비하는 달을 정해 신중하게 소비하는 습관을 만들어 나갔다. 그러한 습관이 자리를 잡자 그제야 늘어나기만 하던 잡동사니가 줄어들게 되었다.

내가 만드는 쓰레기를 줄이고, 내 주변의 잡동사니를 비워 내는 일에서부터 시작한 제로 웨이스트 실천은 인생의 새로운 골목 입구였다. 그 골목길을 따라 걸어가면서 '지속 가능 발전'이라는 나침반을 발견하게도 되었다. 환경에서 시작한 관심은 사회·경제로 확대되었고, 또한 깊이도 깊어지면서 고민도 많아졌다.

제로 웨이스트 실천의 내용을 모아 만든 『제로 웨이스트는 처음인데요』가 책으로 나오면서 '작가'라는 새로운 직업도 얻었다. 제로 웨이스트를 주제로 환경 교육 강연을 하는 강사도 되었다. 인생의 골목길에서 헤매고 있는 줄 알았는데, 뒤돌아보니 뚜렷한 가치관을 가지고 뚜벅뚜벅 걸어온 발자국이 눈에 띈다. 개인의 실천에서 함께 실천할 수 있는 네트워크로, 환경적인 측면만을 고려하던 방식에서 보다 복합적이고 다층적인 이해관계를 헤아리려고 더욱 노력하는 방식으로, 조금씩 나의 골목길이 넓어지고 있다.

하루하루가 쌓여 50년쯤 지난 어느 날, "옛날에 할머

니가 젊었을 때, 그때는 지금과 달리 세상이 참 살기 나빴
다.”라고 오늘을 회상해 말하는 할머니가 되는 것을 어느
새 꿈꾸게 되었다.

　'꿈'이 없는 줄 알았는데, 어머나, 꿈이 생겨 버렸다.

교실 밖 진로 찾기
제로 웨이스터의 동료들

꿈은 어쩌면 명사가 아닌 형용사다. 명사로 이름 되는 직업이 곧바로 꿈이 아니라, 어떤 일을 어떻게 하느냐를 나타내는 형용사가 꿈 아닐까?

그냥 최소주의자 말고 '윤리적인' 최소주의자가 되고 싶은 나도 꿈을 이루기 위한 '일'들에 다양하게 도전하고 있다. 도시에서 '자연인'처럼 살기, 생태 생활 방식으로 먹고, 입고, 살기…….

50년 후, 환경적·사회적·경제적으로 지속 가능한 미래는 나 혼자만의 힘으로는 만들기 어렵다. 지향하는 방향은 조금씩 다르겠지만 우리가 이 생태계 안에서 조화롭게 살아가기를 꿈꾸며 함께 '일하는' 동료들이 있다. 제로 웨이스터 동료들은 어떤 활동을 하고 있는지 살펴보자.

🧑 환경교육사

생태 환경 '교육'에 관심이 있다면 관련 자격증을 취득할 수 있다. 학교의 '환경 교사'가 되는 길도 있지만, 교사가 아니면서 교육할 수 있는 전문 자격이 있는데 그것이 '환경교육사'다.

환경 교육 전문가로서 환경 봉사 활동부터 환경 교육 강사 활동, 환경 교육과 관련된 기획·경영·사업 등의 활동, 환경 교육 관련 정치적·경제적·사회적 영역까지 다양한 분야에 진출할 수 있다. '환경교육포털' 사이트에서 교육을 신청할 수 있고, 자격을 취득하려면 환경 교육 관련 학위를 가지고 있거나 환경 교육 관련 업무 경력이 필요하다. 현재 환경교육사는 전국적으로 1696명이 배출되었다 (2022년 1월 기준).★

🌱 산림교육전문가·산림치유지도사

자연 휴양림, 유아 숲 체험원, 숲길 등에서 산림에 대한 지식을 안내하고, 올바른 생태 가치관을 가지도록 지도·

★ 환경교육포털 https://www.keep.go.kr/portal/53

교육하는 전문가가 있다. 숲해설가, 유아숲지도사, 숲길등 산지도사로 구분되는 '산림교육전문가' 자격증은 산림청에서 발급하는 국가 전문 자격증이다. 치유의 숲, 자연 휴양림 등 산림 복지시설에서 근무할 수 있고, 산림 치유 프로그램을 개발·보급하는 역할을 할 수 있는 '산림치유지도사'도 있다.★

🛍️ 환경·생태 온라인 시민 모임 리더

쓰레기 줍기, 환경 캠페인, 소비자 반납 운동 등 SNS를 기반으로 한 온라인 시민 모임이 다양하게 구성되고 있다. 관심과 활동 방향도 시민 모임별로 다양하다. 온라인을 기반으로 하는 만큼 참여가 쉽고, 활동에 동참하기도 쉽다는 장점이 있다. '리더'가 되면 관심사가 비슷한 사람들을 모으고, 활동을 이끄는 역할을 한다.

☕ 환경·생태 작가

『나의 비거니즘 만화』,『그건 쓰레기가 아니라고요』등

★ 한국산림복지진흥원 https://www.fowi.or.kr/user/contents/contentsView. do?cntntsId=66

과 같이 환경과 생태와 관련한 글을 쓰고 그림을 그리는 작가가 될 수 있다. 생태 관련 실천기, 쓰레기 줍기 활동, 비건, 자원 순환 실용서 등 그리고 쓸 수 있는 주제는 다양하다. 나도 환경 작가로서 일상을 기록하고, 또 그 기록을 다양한 매체를 통해 사람들과 공유하는 삶을 살고 있다.

업사이클 의류 디자이너

"쓰레기를 패션으로." 우리가 날마다 입는 옷은 매년 1000억 벌이 만들어진다. 그리고 330억 벌이 같은 해에 버려진다. 빠르게 만들어지고 빠르게 버려지는 패스트 패션을 거부하는 사람들이 있다. 동네의 옷 수선, 구두 수선 기술을 가진 사람들이 바로 '녹색 기술'이 아닐까? '대량 생산-대량 소비-대량 폐기'라는 의류 산업의 구조에서 벗어나, 버려지는 옷에 생명을 더하는 업사이클 의류 디자이너도 주목할 만하다.

정크아트예술가

"쓰레기를 예술로." 예술의 소재에는 어떤 것들이 있을까? '쓰레기'를 예술 작품의 소재로 삼는 예술가들이 있다.

이른바 정크아트 Junk Art 예술가는 버려지는 페트병으로 크리스마스트리를 만드는 등 쓰레기를 예술 작품으로 바꾼다.

이처럼 쓰레기를 작품의 소재로 이용해 현대 도시 문명을 날카롭게 비판하는 정크아트예술가는 대량 생산과 대량 소비 과정에서 나오는 대규모 쓰레기들을 외면하고 있는 사회에 일침을 날린다. 한편으로 무용한 폐품을 소용 있는 작품으로 바꾸는 작업을 통해 자원의 보존과 순환을 강조하는 '녹색' 환경의 중요성을 전파한다.

녹색건축가

녹색건축가는 자원을 절약하고 자연환경을 지키면서 주거 환경 역시 쾌적하게 만들기 위한 목적으로 건물을 짓고 철거하기까지 모든 과정에서 환경 피해를 최소화할 수 있도록 계획된 건축물을 디자인한다. 전 세계 자원의 75퍼센트를 사용하는 도시에서 친환경적으로 건축물을 짓는 방법을 찾는다.

기업 제품 설계·기획자

"쓰레기를 자원으로.", "모으면 자원, 버리면 쓰레기."

잘 모으게 하려면 물건의 처음이 중요하다. 유한한 자원을 지혜롭고 의미 있게 활용하고자 제품의 기획 단계에서부터 자원을 아끼고 재활용을 고민하는 기업의 제품 설계 및 기획자도 자원 순환 사회를 위해 꼭 필요한 일을 한다.

 제로 웨이스트 숍·무포장 가게 운영

"알맹이만 팔아요." 제로 웨이스트 숍, 무포장 가게 사장님은 '알맹이'만 파는 가게를 운영한다. 세제, 먹거리 등 필요한 물건을 필요한 만큼만 포장재 없이 구입할 수 있는 것이 제로 웨이스트 숍의 매력이다. 다양한 품목을 다루기 위해서는 식품 소분 판매업, 즉석 판매 제조 가공업, 화장품 소분 판매업, 도소매업 등을 신고해야 한다. 다만 화장품을 소분 판매하는 경우에는 매장당 한 명의 '맞춤형 화장품 조제관리사'가 있어야 한다.

 자원 순환 도시계획가

도시에서 '쓰레기'는 잘 관리되어야 하는 존재다. 회수한 생활 폐기물을 어떻게 수거해서 소각할지, 소각장의 입지 등 도시계획적 측면에서 고려해야 할 사항이 많다. 분리배출 한 자원을 적확하게 소재별로 분리할 수 있는 장소, 식품 폐기물을 퇴비나 사료로 처리할 수 있는 장소, 하수를 모아 처리하고 다시 정수할 수 있는 여러 환경 시설들은 도시 생활의 질을 좌우한다. 따라서 자원 순환의 관점을 고려하면서 도시를 계획하는 일은 무척이나 중요하다.

 행정 공무원, 의원

쓰레기봉투의 디자인은 어떻게 할지, 쓰레기봉투의 가격을 얼마로 정할지, 대형 폐기물은 어떤 업체가 수거하고, 거리의 쓰레기를 정기적으로 청소하는 기계나 인력은 어떻게 동원할지 계획과 정책을 수립하는 사람들이 있다. 우리나라는 1995년에 쓰레기종량제가 도입되면서 폐기물량이 줄고, 분리배출 해 재활용하는 비율이 급격하게 상승하는 변화를 이끌었다. 일회용 컵 보증금 제도 도입과 같이 여러 이해 당사자들의 상황을 고려해 폐기물 정책을 수립하는 역할을 하는 행정 공무원, 의회의 의원이 있다.

 쓰레기 줍는 여행가

쓰레기는 매립되거나, 소각되거나, 바다에 버려진다.

길거리, 산, 들, 바다, 도로에 버려진 쓰레기를 줍는 활동을 하는 이들이 있다. 지역별로 모여 쓰레기를 줍는 이들도 있고, 해변의 쓰레기를 줍는 이들도 있으며, 일명 쓰레기 섬이라 불리는 태평양의 거대한 쓰레기 지대에 쌓이는 쓰레기를 줄이기 위해 쓰레기 청소 배를 운영하는 이들도 있다.

여행, 캠핑을 떠날 때 내가 가져간 쓰레기를 되가져 오는 것은 물론이고, 다른 이가 버린 쓰레기를 주워 오는 여행 문화가 점차 확산하고 있다. 국립공원 자원봉사처럼 이런 활동을 자원봉사 활동으로 인정해 주고, 주운 쓰레기를 처리해 주는 공원 안내소가 전국 방방곡곡에 퍼져 나가기를 기대한다.

제로 웨이스트로 먹고 살기

나는 윤리적 최소주의자, 지구에 삽니다

초판 1쇄 펴낸날 2022년 10월 17일

지은이 소일
펴낸이 홍지연

편집 홍소연 고영완 전희선 조어진 서경민
디자인 전나리 박해연
마케팅 강점원 최은 이희연
경영지원 정상희

펴낸곳 (주)우리학교
출판등록 제313-2009-26호(2009년 1월 5일)
주소 04029 서울시 마포구 동교로12안길 8
전화 02-6012-6094
팩스 02-6012-6092
홈페이지 www.woorischool.co.kr
이메일 woorischool@naver.com

© 소일, 2022
ISBN 979-11-6755-077-4 43330

만든 사람들
편집 서경민
교정 한지연
디자인 어나더페이퍼 이희영